Diario di un Tufarolo
Diary of a Tufarolo

Emilio Di Giuseppe

Edited and Translated by
Bruna Di Giuseppe and M.P. Marchelletta

Joie de Plume Books

© Emilio Di Giuseppe 2018

No part of this book may be used without the permission of the author,
except for brief excerpts with due credit given to the author.

Emilio Di Giuseppe

Diario di un Tufarolo

Emilio Di Giuseppe
All original work © 2018 by Emilio Di Giuseppe
First Edition, 2018

All rights reserved. The use of any part of this publication reproduced, transmitted in any form by any means, electronic, mechanical, photocopying, recording or any otherwise stored in a retrieval system, without the prior consent of the publisher is an infringement of copyright law.

Library and Archives Canada Cataloguing in Publication

Di Giuseppe, Emilio, 1919-1992, author
    Diario di un Tufarolo = Diary of a Tufarolo / [edited and translated by] Bruna Di Giuseppe.

Diary written by Emilio Di Giuseppe.
Text in Italian with English translation.
ISBN 978-0-9813340-8-0 (softcover)

    1. Di Giuseppe, Emilio, 1919-1992. 2. World War, 1939-1945--Personal narratives, Italian. 3. World War, 1939-1945--Prisoners and prisons, British. I. Di Giuseppe-Bertoni, Bruna, 1951-, editor, translator II. Di Giuseppe, Emilio, 1919-1992. Diario di un Tufarolo. III. Di Giuseppe, Emilio, 1919-1992. Diario di un Tufarolo. English. IV. Title. V. Title: Diary of a Tufarolo.

D811.D515 2018   940.54'8245   C2018-903687-7

Editors and Translators: Bruna Di Giuseppe and M. P. Marchelletta
Cover Design and Layout: Mauro Cappa
Photographs: Bruna Di Giuseppe

For all rights contact Joie De Plume Books
Email: jpbooks@rogers.com
Printed and bound in Canada

Dedica

    Dedicato a Emilio l'onorevole protagonista di questa storia. La guerra lo portò lontano da casa e al suo ritorno, sopportò ulteriori difficoltà finché non incontrò la sua Angelina.
    Il destino lo portò con Angelina e i suoi tre figli piccoli, Bruna, Marina e Franco a Toronto. Comprò "una casetta piccolina in Canada" e continuò il suo duro lavoro. In aggiunta al suo orgoglio di padre, divenne in seguito nonno di Adriana, Lori, Gianni, Roberto, Alvaro ed Emilio. Ebbe anche il privilegio di essere bisnonno di Franca e Maia e trisnonno di Adrian e Christian. Questo libro fu scritto per la famiglia, parenti e per onorare gli amici che lasciò.

Dedication

    Dedicated to Emilio the honourable protagonist of this story. The war took him far from home and upon his return, he endured further hardships until he met his Angelina. Fate brought him, Angelina and his three young children, Bruna, Marina and Franco to Toronto. He bought "a little house in Canada" and continued his hard work. Adding to his pride as a father, he later became a grandfather to Adriana, Lori, Gianni, Roberto, Alvaro and Emilio. He was also privileged to be a great-grandfather to Franca and Maia and a great-great-grandfather to Adrian and Christian. This book was written for his children, his extended family and to honour the friends he left behind.

Suffering presents us with a challenge: to fund our goals and purpose in our lives that make even the worst situation worth living through.

Viktor E. Frankel

There is only one thing that I dread: not to be worthy of my sufferings.

Fyodor Dostoevsky

Detti

Nulla è spregato se fatto con il cuore o con amore.

Chi di speranza vive disperato muore.

Male nun fà, paura nun avè.

Sacco voto nun s'areggie dritto.

Mbè. Mbè fanno le pecore, e il lupo se le magna.

Troppi galli a cantà, nun se fa mai giorno.

Casa mia, piccola che sia è sempre casa mia.

Emilio di Giuseppe

Indice

Dedica	iv
Prefazione	x
Note di Bruna Di Giuseppe	xvi
VERSIONE ITALIANA	**23**
Diario di un Tufarolo	25
Scioglimento fraterno	26
Sacrifici di fanciullezza	27
Chiamato alle armi	31
Mobilitazione per l'Africa	32
La vita in guerra	34
L'anno terribile 1941	36
L'invasione tedesca in Libia	38
Avanzata d'Agedabia ad El Alamein	39
Da caporale maggiore a soldato e d'autista ad appiedato	41
Partenza per l'Egitto	44
D'Alessandria a Tunisia	46
Martirio della mia prigionia	48
Partenza per i nuovi campi	50
I campi dell'Africa del Nord	51

Diario di un Tufarolo

Primo Natale in prigionia	54
L'anno 1944	56
Settembre 1945	58
Rimpatrio e sacrilegio	59
Liberazione 1946	61
Vita solitaria	65
Vita sposata	66
Gli anni più belli	67
Mia suocera a Roma	70
Partenza per il Canada	71
Lacrime e sospiri	75

ENGLISH VERSION — 77

Notes of Bruna Di Giuseppe	78
Diary of a Tufarolo	85
Brotherly Break-up	86
Childhood Sacrifices	87
Called to the Army	91
Deployment to Africa	92
My Life in War Times	94
A Terrible Year	96

Germany Invades Libya	97
Advancement from Agedabia to El Alamein	98
From Head Corporal to Soldier and from Driver to Walker	99
Departure for Egypt	101
From Alessandria to Tunisia	103
Martyrdom and Imprisonment	105
Departure for New Camps	106
Camps of Northern Africa	107
First Christmas Incarcerated	110
The Year 1944	111
September 1945	113
Repatriation and Sacrilege	114
Our Liberation 1946	115
Solitary Life	117
Married Life	118
My Best Years	119
My Mother-in-Law in Rome	122
Departure for Canada	123
Cries and Sighs	124
Biography	126
Acknowledgements	127

Emilio come reduce

Prefazione

Una prima doverosa considerazione nei confronti del manoscritto di Emilio Di Giuseppe è quella che avrebbe potuto anche figurare con il titolo *Diario di un Italiano*. Infatti come nelle note *Confessioni* di Ippolito Nievo, la realtà che emerge dalle poche e povere pagine del diario è quella di un efficace ritratto delle condizioni reali d'esistenza della plebe del contado del suo tempo: quelle di Tufo, quelle del mio paese vicino Lazio, quelle della Calabria come quelle del Friuli del Nievo.

Mio nonno Peppino morì nel 1922 lasciando a mia nonna l'ultima figlia appena nata, suo fratello Giovanni, coetaneo di Emilio ed altre due sorelle di cui la maggiore era mia mamma dodicenne. Anche zio Giovanni combatté in Africa e finì a fare il sarto prigioniero in Inghilterra. Mia nonna morì nel 1945 sospirando il suo ritorno che avvenne ugualmente nel 1946 permettendomi di assaggiare la bontà delle caramelle inglesi.

Come ricercatore di storia locale e Tufarolo acquisito dal lontano 1982, sono ben lieto tuttavia del titolo scelto auspicandone al più presto la pubblicazione. Mi sia permesso nutrire la speranza che altri prendano esempio da un giovane analfabeta. Emilio decide d'imparare a scrivere e di lasciarci ricordi preziosi non solo per i parenti ma anche per tutti i compaesani: italiani, canadesi, argentini e dovunque sparsi nel mondo.

Don Fulvio Amici
Ruviano, Roma

"Diario di un Tufarolo," d'Emilio Di Giuseppe, è una cronistoria reale delle condizioni di vita sociale e politica di quel periodo e l'evolversi di fatti ed avvenimenti personali e famigliari. Bruna Di Giuseppe, intelligentemente ha accolto la raccomandazione del padre prima di lasciare questa vita terrena, di custodire caramente il manoscritto che, con frasi semplici e quasi indecifrabili descrivano la difficile e drammatica, sofferta e faticosa vita sua e della famiglia. Emilio racconta l'entusiasmo e il sentimento affettuoso ed incancellabile dell'amore verso la terra natìa. La patria amata che difese con coraggio e fedeltà nell'ultima guerra mondiale in Africa, dove venne fatto prigioniero e portato in Inghilterra. La maturità e la chiamata alle armi, sollecitano due fatti importanti: primo imparare a leggere e scrivere, e secondo l'amore per la famiglia. È proprio vero che la necessità aguzza l'ingegno. Compra penna e calamaio. Copiando e scrivendo compone parole e frasi che trascrive nel suo diario che trasmette ai figli ed a tutti gli italiani e non. Si trasferisce a Roma con la famiglia per sopravvivere, lavorando da garzone a pascolare vacche e pecore, vivendo nelle stalle, subendo umiliazioni, fame e patimenti di ogni genere. La vita in quel periodo in Italia era difficile. Le case spesso monolocali erano senza servizi. Mancava l'acqua, luce e bagni non solo a Tufo ma in tutta l'Italia. La guerra e la prigionia hanno acuito di più le sofferenze ma non la volontà nè l'amore per la sua terra o per le genti del suo paese. Lui con volontà e tenacia ha tramandato ai figli ed a tutti gli italiani residenti ed emigrati d'amare e di non dimenticare le origini della patria amata.

Giuseppe Cappa
Basilicata, Italia

Bruna Di Giuseppe has given her father Emilio the ultimate gift, a chance for his story to be read. In Bruna's introduction she shares with us her undeniable love, a daughter's pride and ultimate respect for her beloved father.

This diary is not only an historical document but a testament to love and courage written by a man whose heart, vision and humanity were beyond any academic learning.

Emilio in his raw and unadorned language brings his own poetic sensibility which depicts a life lived with loneliness, anguish and pain during a period filled with the horrors of war, poverty and despair. Despite all his struggles we sense a strong internal courage to confront life with all its injustice and to conquer its darkness.

It is such a treasure of inheritance to be able to transcribe the words written by a father and to read in them not only the history of a life's journey but also the history of one's own soul. Bruna has been blessed by a lucky star.

Gianna Patriarca
Toronto, Ontario

"Diary of a Tufarolo," is an analysis into the profound suffering of a soldier. The emotions are raw and gripping. One asks oneself, "What is the meaning of all this suffering?"

M. P. Marchelletta
Toronto, Ontario

Ho avuto la fortuna di leggere le pagine del diario di Emilio Di Giuseppe prima ancora che sua figlia Bruna le decifrasse definitivamente. Pur nella difficoltà di comprendere i nomi di alcuni dei luoghi nei quali aveva vissuto la guerra e di capire il significato di alcune parole, il senso dei suoi appunti è chiaro fin dalle prime righe. Miseria e privazioni prendono corpo e anima quasi materializzandosi.

Emilio ha sofferto prima, durante e dopo la guerra. La vita non gli ha risparmiato nessuna sofferenza. Rimane orfano di padre a soli cinque anni, soffrirà la fame, il freddo e la solitudine, poi vivrà la guerra e la prigionia, vivrà il distacco dall'Italia e l'emigrazione in Canada con tormentata amarezza ma toccherà le viscere stesse del dolore con la perdita dell'amato figlio Franco. Auspicherà fino al giorno della sua morte il ritorno in Italia.

Quello di Emilio, è un racconto concreto che non lascia spazio all'immaginazione. È una prosa senza fronzoli, sciuta, scarna, diretta, dolorosamente commovente.

Roberta Rubini
Abruzzo, Italia

Mi piace questo Tufarolo. Sono molto impressionato di quanto accade nel diario di tuo padre e del tuo reportage.

Franco Spezzano
Toronto, Ontario

"Diario di un Tufarolo," sembra uscito dalla penna di Charles Dickens. Invece, è il diario di un uomo sui cui documenti era stato scritto "analfabeta." L'opera di Bruna Di Giuseppe è un lavoro certosino di decodificazione e ricostruzione linguistica dei ricordi, delle osservazioni e delle riflessioni del padre, Emilio. È un'operazione senz'altro importante, non solo perché ci offre uno spaccato di vita della prima metà del Novecento, della seconda guerra mondiale e dell'emigrazione italiana in Canada, ma anche perché restituisce a Emilio la dignità di uno spazio e una voce in un mondo che non lo ha capito, relegandolo a lungo ai margini della società. Bruna ha svolto con pazienza, per anni, un'azione estremamente complessa di trascrizione e interpretazione per poter pubblicare i ricordi di suo padre, ma ha amorevolmente rispettato l'originale e mantenuto la forma di diario, riscrivendo questa storia in prima persona. A compendio e quasi a risolvere filologicamente l'amore per gli appunti del padre, l'autrice propone, a inframmezzarne il testo, una scelta di fotografie del manoscritto, da cui emergono da una parte la freschezza e immediatezza dei pensieri di Emilio e dall'altra lo sforzo di Bruna per interloquire costantemente con lo stile e il modo di pensare paterno. Uno stile semplice e genuino, specchio di vita vissuta e riflettuta.

Ne emerge la storia struggente di un'infanzia tristissima, trascorsa tra povertà, solitudine e mancanza di amore; il racconto della guerra in Nord Africa nei suoi momenti più drammatici, dove Emilio, nel raccontare le battaglie storiche più importanti, personalizza gli eventi descrivendo la sua sofferenza per la morte dei compatrioti e la rabbia per le angherie e le umiliazioni subite; infine, questa è una storia di emigrazione, in cui un italiano trova difficile accettare che i suoi stessi figli crescano in una cultura diversa dalla sua e parlino l'inglese in casa, lingua che per lui aveva connotato guerra, incomprensione, odio, umiliazione. Ogni osservazione e pensiero tuttavia fa emergere la spontaneità di un uomo che rilegge nel suo intimo la grande storia con l'arguzia e disincanto tipici della sua epoca.

Questa di Bruna Di Giuseppe è una narrazione che parla della storia raccontandola in prima persona e con la genuinità della presa diretta, per questo fondamentale per capire la psicologia dei nostri padri e dei nostri nonni e comprendere meglio quello che hanno vissuto; le loro avventure e la loro percezione della vita sono all'origine del mondo di oggi, così diverso, ma che rischia di ripercorrere le stesse tappe e gli stessi errori, se non impariamo da coloro che ci hanno preceduto. Abbiamo bisogno di storie così, per ricordarci cosa significano le guerre, per evitare di ricadere nelle stesse trappole, strettoie e vicoli ciechi, soprattutto in un mondo come il nostro che, con la sua frenesia, troppo spesso dimentica gli abbagli del passato e rischia di riproporre le stesse sgrammaticature, per ignoranza e superficialità. Charles Dickens al proposito avrebbe detto, come di fatto si dice abbia detto: "Quando bevi dell'acqua, non dimenticare la sorgente dalla quale scaturisce."

Daniela Sanzone
Toronto, Ontario

Note di Bruna Di Giuseppe

Non è stato facile portare a termine questo capitolo della vita di Emilio Di Giuseppe, mio padre. Il primo dicembre 1992, mio padre ci lasciò con tanta tristezza sapendo bene, che 18 mesi prima, lui non avrebbe vissuto il Natale di quell'anno.

Fu per questa ragione che nel 1991, portò me, mamma e mia sorella Marina in Italia. Partecipammo al matrimonio di mio cugino, sapendo che per lui sarebbe stato l'ultimo viaggio in Italia. Aveva un desiderio di rivivere e riattraversare luoghi della sua gioventù.

Visitammo parenti ed amici e passammo dov'era situata esattamente la nostra casetta ed i dintorni dove avevamo giocato durante la nostra infanzia, il quartiere—la borgata della Montagnola/Laurentina dove formammo meravigliosi ricordi.

Andammo al paese natìo di mia madre. Papà non andò al suo paese perché la sua sorella, zia Peppinella viveva a Roma. Tutti i suoi parenti vivevano nella capitale ed altri a Guidonia.

Partimmo da Toronto sapendo che zio Attilio, suo fratello, non sarebbe stato lì ad aspettarlo come nel passato. Ma per lui solo l'abbraccio dei suoi nipoti e di zia Maria furono abbastanza per riempirgli il cuore di gioia. Amava molto i suoi fratelli ma il più piccino Attilio aveva tanta tenerezza per lui.

Dal momento in cui arrivammo in Italia, volle godersi ogni minuto della sua amata Patria anche se rivedendo alcuni luoghi gli avrebbero ricordato la povertà, la fame e la tristezza. Ma quelle erano le condizioni del dopoguerra per tutti. Nonostante il suo passato, questa era la sua Patria, dove lui aveva lasciato il suo cuore e l'amore per i suoi fratelli, per sua sorella, per i suoi parenti ed amici.

Spesso si ricordava Franco, mio fratello che aveva dieci anni quando noi partimmo per il Canada. La vita porta sempre cose inaspettate. Mio fratello morì in un incidente. La sua morte tolse a papà quella spiritosa grinta e forse qualcosa in lui si spense. "Un figlio nu'n se scorda facilmente," diceva se lo vedevamo pensieroso.

Nonostante la morte di Franco, papà riuscì a superare quello che non ci avremmo mai aspettato. Pian piano, si rassegnò e prese la vita canadese con più serenità e piacere. Riprese il suo senso d'umorismo malvagio ch'aveva, ricordato anche oggi dai suoi nipoti.

Nei primi anni dall'arrivo in Canada, in casa non voleva che si parlasse inglese. Quando notò che tra noi ci scambiavamo le più semplici parole in inglese come "hi, bye, come on, ok, stop e let's go," diventava furioso. Per lui era inconcepibile. Senza dubbio, dal giorno in cui lasciò la sua patria per vivere in una delle nazioni dove si parlava la lingua che lui disapprovava, non aveva sicuramente previsto o immaginato che sentire parlare inglese in casa lo avrebbe portato a rivivere l'orrore della prigionia in Inghilterra. Infatti, non riusciva in nessun modo a resistere o ignorare una parola. Non si conteneva e bestemmiava. S'infuriava quando sentiva che tra di noi parlavamo l'inglese. Fu un grande problema per lui adattarsi ad una vita e ad un ambiente completamente diverso dai suoi principi.

Considerava i canadesi maleducati in confronto a noi ch'eravamo educati. Noi in Italia non vivevamo in palazzi o villette ma comunque mia madre ci aveva dato una buona educazione. Dal momento in cui lei imparò a leggere, nei momenti liberi, non faceva altro che leggere, mentre noi bambini giocavamo. Leggeva riviste come "Epoca," i romanzi ed "I Consigli di zia Betta." Anche se noi ragazzini a quel tempo eravamo birichini, per mio padre eravamo educati in confronto agli abitanti di Toronto.

Nonostante il parere di mio padre, noi fummo influenzati dalla cultura e dalla mentalità canadese e ciò ci portò ad avere delle difficoltà con lui. Assumemmo un nuovo comportamento che lui non accettò facilmente, eppure, negli anni seguenti riuscì a superare questa resistenza.

Col passare degli anni capì che la guerra e le sofferenze subite sia da bambino che da prigioniero in Inghilterra gli avevano causato un grande disagio mentale.

Portandoci in viaggio in Italia si sentì soddisfatto perché si rese conto di quanto aveva fatto per se stesso e per la sua famiglia. Si sentì fiero del suo successo e orgoglioso di aver oltrepassato le difficoltà della vita da "poveraccio." Lo riconobbe lì nella sua Italia.

Assieme alla sua Angelina avevano superato la discriminazione, il freddo, la diversità di una terra straniera per l'amore e il futuro dei loro figli.

Papà morì la mattina presto del primo dicembre, il giorno prima del mio compleanno. Gli ultimi giorni della sua vita, era molto confuso. Non voleva stare in ospedale ed ogni tanto diceva, "A regà annamosene!," "Dove voi annà papà?" "A Roma!" A sentire queste parole, ci si spezzava il cuore.

Quel novembre, un mese prima che morisse, lo portavo a chemioterapia. Un giorno ritornando dall'ospedale mi chiese di venire dentro casa sua e mi fece vedere dove aveva tutti i suoi libri. Mi raccomandò di tenerli curati e di leggerli nel futuro. Nello stesso tempo mi consegnò il suo diario. Rimasi muta e non lo aprii. Lui mi disse di averlo terminato tanti anni prima, appena dopo arrivato in Canada. Mi spiegò che il diario originale lo aveva scritto in Inghilterra durante la prigionia della seconda guerra mondiale. Al termine del conflitto, quando ritornò da reduce, consegnò le cose personali ad un parente e quando venne il momento di riprendere la sua roba, non trovò più nulla. Era trascorso troppo tempo e le cose pur non volendo, si persero per sempre.

Il compito di decifrare il racconto

Un bel pò di tempo dopo la sua morte, un giorno aprii il suo diario. Non sembrava una scrittura ma come un disegno di lettere dell'alfabeto scritto a matita. Poi decifrai ogni lettera e vocale come meglio potevo. Pian piano delle parole si formarono. Infine frasi coerenti emerssero. Tentai la seconda pagina usando lo stesso metodo usato con la prima pagina.

Incominciai a conoscere il modo in cui scriveva ed anche come formava le lettere e come metteva insieme le parole. Più leggevo e più capii che vita orribile aveva avuto il mio povero papà.

I giorni diventarono mesi e gli anni passarono. Di tanto in tanto scrivevo le sue parole in un quaderno. Finalmente trasferii le note scritte a mano sul computer. La grande difficoltà era che c'erano parole che non facevano senso però per lui sì. C'erano frasi scritte "allo stile d'Emilio" cioè scritto in dialetto romanesco, forse anche in Tufarolo. C'erano parole non trovate in nessun dizionario e luoghi menzionati non trovati su nessuna carta geografica. Dopo innumerevoli ore di ricerca, riuscii ad identificare i luoghi di guerra del Nord Africa.

Il candore con cui narra i suoi sentimenti è commovente. Nonostante che non avesse mai avuto un'educazione formale usava metafore poetiche senza rendersene neppure conto. "Eravamo sbattuti come il vento sbatte la carta contro i muri," scrive nel suo diario.

Quello che mi ha colpito di più, mentre riflettevo sulle sue parole, è stato rendermi conto di quanto avesse sofferto per il fatto di essere analfabeta. Questo era per lui una fonte d'imbarazzo siccome fosse scritto su documenti governativi. Questo mi sorprese perché era un uomo molto colto. Sapeva di tutto su tutto ossia la storia, la geografia, le diverse religioni, recitava Dante: "Nel mezzo del cammin di nostra vita mi ritrovai per una selva oscura, ché la diritta via era smarrita…" ("Inferno," Canto I). Era anche un narratore e ci raccontava favole di tutti i tipi. Negli anni 50 o 60 con tre figli non si poteva permettere d'andare al cinema, "Er Pittochietto," per 25 lire tutte le domeniche anche se il cinema si trovava nella sala sotto la chiesa di Gesù Buon Pastore. A volte se c'era un film di storia o di un altro tipo, lui veniva a casa dopo averlo visto e ci descriveva tutte le scene. Mi ricordo che lui rimase incantato dalla bellezza e storia del film, "Via Col Vento." Tanti anni dopo in Canada questo film uscì in televisione. Io già sapevo tutta la storia ed anche la fine. Ci scriveva letterine per il Natale. Ci leggeva i libri di scuola, anche perché gli piaceva leggere.

I ricordi ed i fatti raccontati sono veri e narrati secondo il punto di vista d'Emilio mio padre preservati nel suo diario. Anche se i luoghi e fatti storici sono stati verificati ci potrebbero essere delle sviste. Si tratta di una cronistoria narrata e vissuta dal mio padre con nessun intento politico e nessun intenzione di offendere persone. Questo racconto personale da sfogo alle sue emozioni più intime. La sua storia è la storia di tanti ragazzi giovani. Per loro la povertà era normale in quei tempi sconvolti dalla guerra. Le prove e le tribolazioni che subì ed il fatto che fosse cresciuto senza genitori ebbero un impatto drammatico su di lui. A volte, sentiva il rammarico per aver lasciato i suoi fratelli, sua sorella e la sua patria. Nonostante tutto questo, lui perseverò per il miglioramento della famiglia.

Bruna Di Giuseppe

Emilio con sorella Peppinella e fratello Sabatino 1991

Emilio Di Giuseppe

Versione Italiana

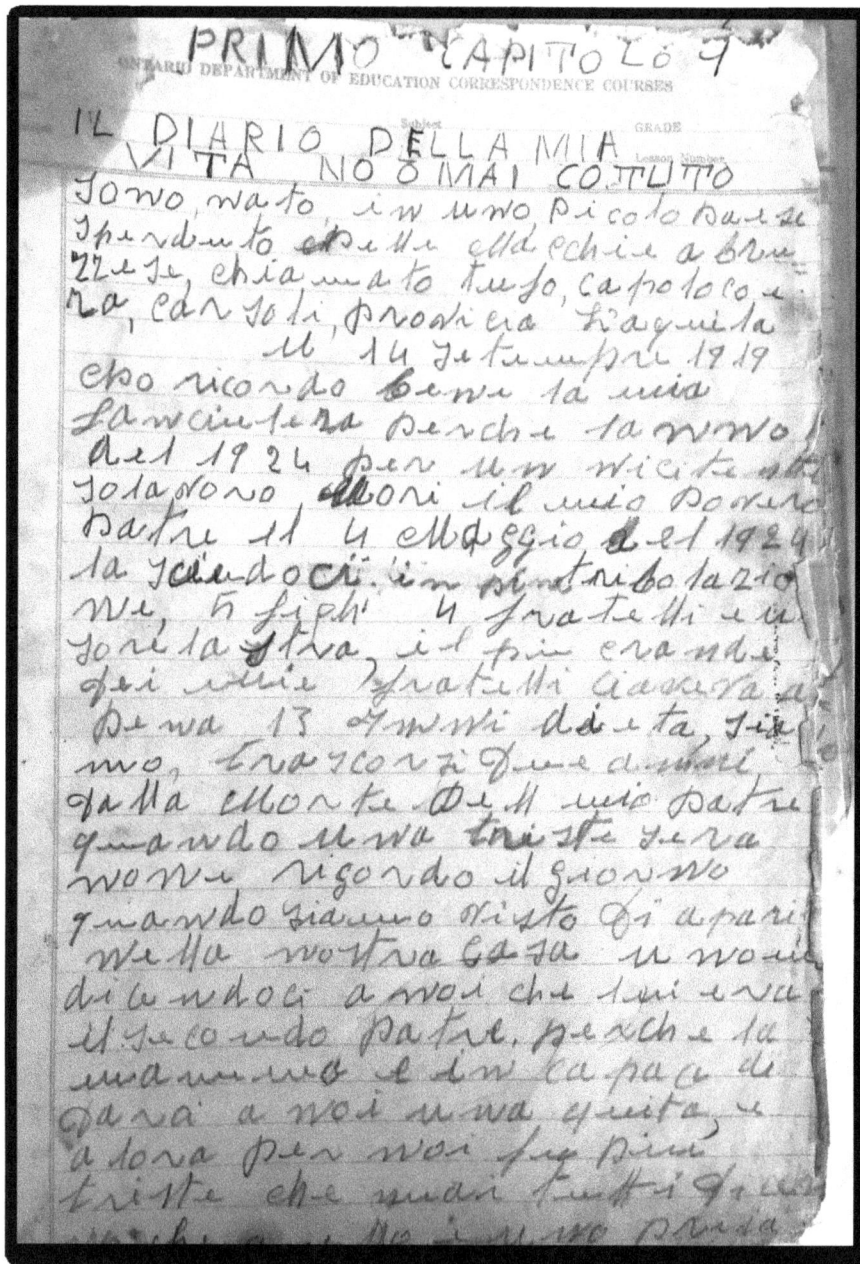

Prima pagina del diario d'Emilio

Diario di un Tufarolo

Io, Emilio Di Giuseppe sono nato il 14 settembre del 1919, a Tufo in un piccolo paese sperduto sulle montagne abruzzesi. Tufo è una frazione di un paese poco più grande di Carsoli in provincia dell'Aquila.

Non ricordo bene la mia fanciullezza. Ricordo però che il quattro maggio del 1924, morì il mio povero papà che aveva cinque figli e lasciò me, mia madre ed i miei quattro fratelli ed una sorella in piena tribolazione. Il più grande aveva appena tredici anni. Passarono due anni dalla scomparsa di mio padre, quando una sera, non ricordo il giorno, nella nostra casa apparve un uomo che si presentò come il nostro secondo padre. Nostra madre, da sola era incapace di darci una guida. Allora, per noi fu più triste che mai. Tutti dicevano ch'era uno sfaticato.

Tufo Alto

Scioglimento fraterno

Nel lontano 1926, quando avevo sette anni, andammo a vivere ai Castelli Romani in un paese chiamato Marino. Tutto andava bene finché durarono i soldi che il mio povero papà ci aveva lasciato. Quando quelli finirono, disastro fu. Tutto cominciò ad andare male. Nell'ottobre del 1928, l'uomo che ci aveva fatto da patrigno ci abbandonò. Allora fummo costretti a ritirarci a Roma da un infedele dei fratelli del mio padre. Rimanemmo in casa sua per circa un anno poi ritornammo a Tufo.

Non avevo nè amici nè compagni e cominciai a sentire fortemente la mancanza del mio caro padre. La mamma riabbracciò di nuovo l'uomo che ci aveva abbandonato a Marino nella speranza che ci desse un aiuto per tirare avanti. Ma quell'uomo pensava soltanto a se stesso. Noi soffrivamo la fame ed il freddo. Eravamo nudi e crudi.

Segnale stradale per l'Oriente

Sacrifici di fanciullezza

A dieci anni, mi resi conto d'essere analfabeta. Vivevo in estrema povertà. Mia madre era addolorata a vedere me ed i miei fratelli nudi e scalzi. Un giorno, un fratello di mamma le chiese se voleva mandarmi a fare il garzone ai casali dell'Oriente presso una famiglia di nome Davide. Allora andai. Non stavo male ma sentivo il distacco familiare. Questo Davide che m'aveva accolto, si stufò presto della mia fanciullezza mi trasferì ad un altro suo fratello.

Ricordo i miei giorni martirizzati. Mi assegnarono dieci mucche e mi sentivo abbandonato come un trovatello. Questa famiglia era composta di quattro figli. Il più umano Nazzareno mi dava il suo rifiuto di pane. Il più grande si chiamava Luigi. Era sposato ed aveva una bambina; ed io dopo aver trascorso una giornata con le mucche dovevo cullare sua figlia tutta la sera.

Un giorno, dopo due anni di vita come garzone mi venne un'infezione ad entrambe le gambe così fui allontanato da loro. Mangiavo da solo come un cane. Mi avevano assegnato un piatto ed un bicchiere. Allora io con la mia pur misera capacità riuscii a scappare via e mi trovai un altro padrone. Ma dopo solo due giorni mio zio, ch'era anche lui un padrone, venne a riprendermi, dicendo di avere una certa responsabilità su di me. I giorni passavano tristi e malinconici. Tutti mi guardavano perché erano tre anni che stavo lì ma nessuno si curava di me. Mi sentivo come un orfano abbandonato. Tutti mi facevano i dispetti.

Dopo tre anni, una sera rincasai e mi dissero che c'era mia madre. Sentii un gelo ed un'emozione mentre lei accarezzava le mie guance scarne! Tuttavia non mi fecero parlare con lei.

Tutto andava bene. Me lo ricordo appena, era l'anno 1931, avevo quasi dodici anni. Mi dedicavo sempre a scrivere il mio nome sui muri. Chiesi il permesso d'andare a scuola; ma mi fu negato. Mi resi conto di essere analfabeta ma intelligente e mi recai in un convento chiedendo di essere aggiunto come fraticello. Anche lì mi fu risposto di no. Passavo i giorni tristi ed ero affamato. Chiedevo il pane a tutti. Nudo e scalzo andavo con le mucche che spesso facevano danno e prendevo le botte da tutti.

Mi chiamavano "il dannataro." Avevo tredici anni quando mi venne una malattia agli occhi. Non fu trovata una medicina per un povero abbandonato come me. C'era una vecchietta che aveva compassione per me e mi disse di lavarmi gli occhi con l'acqua di calce. Guarii ma poco dopo mi vennero le coliche urinarie. Quanti pianti e sospiri ho vissuto nella mia gioventù. Il mio letto era nella stalla, sia d'inverno che d'estate. Alcune volte per sfamarmi ero costretto a rubare il pane. L'estate invece mi sfamavo rubando patate e granoturco nei campi.

Nel mese di maggio dell'anno 1932, un giorno abbandonai le vacche e scappai via. Camminavo lungo la strada ma ero privo d'orientamento comunque giunsi a Tagliacozzo. Quando chiesi la strada per Tufo tutti me la indicarono. Lungo il cammino, incontrai un uomo che portava un vitello; mi domandò dove ero diretto. Gli risposi che andavo a Tufo. Mi chiese chi ero. Gli spiegai ch'ero un monello ed ero stato tanto tempo a garzone lontano da casa. Mi domandò se volevo aiutarlo a portare il vitello a Sante Marie ed io accettai.

La sera, quando raggiungemmo il paese, mi dette due lire. Poi mi affidò ad una donna che mi offrì alloggio con la massima cura. L'indomani mattina mi consegnò ai primi passanti ch'erano boscaioli. Mi portarono fino a Pietrasecca. La sera, da solo, raggiunsi Tufo. Provai tanta gioia a rivedere mia madre.

Le dissero: "Giovanna, è venuto Emilio!" Le uniche parole di mia madre furono: "Perché sei tornato?" Mi sentii addolorato da queste parole. Dopo solo una settimana fui ricondotto di nuovo sotto padrone. Dal 1932 al 1934 feci il garzone a Tufo. Dal 1935 al 1936 lavorai a Riofreddo e dal 1937 al 1938 a Tivoli. Quando alla fine di quello stesso anno tornai a casa, mia madre si ammalò. Furono per me i giorno più lacrimosi. Non c'erano soldi per vivere. Mamma soffriva a vederci così poveri. Fummo costretti a lasciarla in ospedale per andare a mietere il grano a Tivoli.

Nel 1939, quando ritornammo a casa, la mamma era morta tre giorni prima del nostro rientro. Quanti cordogli amari e lacrime buttarono questi miei occhi tristi. Ero ormai orfano assoluto. Intanto, uno dei miei fratelli si era sposato ed un altro fu chiamato alle armi. Pur di farci dare un tozzo di pane eravamo diventati gli schiavi di tutti.

Eravamo sbattuti come il vento sbatte la carta contro i muri. Dopo tante sofferenze e tribolazioni come cagnolini frustati ci siamo rassegnati al nostro destino d'orfano.

Qualche volta ci capitava d'incontrare il nostro patrigno che ci domandava come stavamo e ci dava qualche soldo. In fondo non era cattivo.

Visto che a Roma non potevo vivere, tornai di nuovo a Tufo. I miei zii mi portarono a fare il boscaiolo ma io scappai, rifugiandomi nelle capanne dei pastori. Mangiavo erba e frutta per sopravvivere e raggiunsi Roma a piedi e da solo.

Monastero dove Emilio andò per chiedere d'essere assunto come fraticello.

Casale e fontana nella contrada dell'Oriente

Chiamato alle armi

Sei mesi dopo la scomparsa di mia madre, fui chiamato alle armi. Partii il 4 dicembre 1939, a vent'anni. Il mio reggimento era il 91esimo. Fui sfortunato anche qui perché mi assegnarono al decimo bersagliere a Palermo. Invece, mi mandarono a Fano nelle Marche dove trascorsi cinque mesi da recluta.

Passavo giorni tristi a vedere tutti i miei compagni che ricevevano posta mentre non mi scriveva mai nessuno. Mi trastullavo con persone che mi consigliavano anche. Insomma mangiavo e stavo bene ma mi mancava il conforto materno. Qualche amico parlava alle mie spalle dicendo: "Di Giuseppe dev'essere orfano visto che non riceve mai la posta!" Siccome ero analfabeta, dovevo sempre affidarmi a qualcuno se volevo scrivere qualcosa; finchè un giorno mi stancai, comprai penna e calamaio e mi misi a scrivere da solo. Piano, piano ci riuscii. La prima lettera la scrissi ad una ragazza di nome Santina. Le feci una dichiarazione d'amore e lei l'accettò.

Quando non riuscivo a decifrare le lettere mi facevo aiutare. Con il passare dei giorni dimenticai un pò i giorni più duri. Di giorno facevamo gli addestramenti e la ginnastica. La sera eravamo in libera uscita. Io rifiutavo sempre di uscire perché non avevo soldi. Ci spettavano otto soldi al giorno. La vita per me non era felice. Dopo tre mesi ci aumentarono la paga e ci portarono ad una lira al giorno. Gli ufficiali dissero ch'eravamo "signori."

Mobilitazione per l'Africa

Un giorno, mi ricordo era il 20 aprile, mi fecero la puntura e mi vaccinarono. Tutti dicevano che saremmo partiti per la Jugoslavia ma invece ci portarono lontano a fare il campo. Una bella notte di maggio partimmo da Fano per raggiungere Fossombrone; camminammo tutta la notte e tutto il giorno. Poi da Fossombrone ripartimmo diretti per Urbino dove giungemmo Urbino la sera. Lì si stava bene. Tutte le sere andavamo in montagna a sperimentare le tattiche di guerra. Ero riuscito a farmi alcuni amici con i quali uscivo la sera. Una sera il nostro capitano si presentò con una lista in mano e chiamò quasi tutti.

Era la sera del 26 maggio 1940, lasciammo Urbino la mattina seguente. Il 27 maggio, si diceva che ci avrebbero condotti a Trieste e invece giungemmo a Senigallia. Con me partirono anche i miei nuovi amici: Vincenzo e Valentino. A Senigallia rimanemmo fermi otto giorni e nel giro di poco tempo si radunarono tremila soldati. Con il passare dei giorni, cresceva in noi la preoccupazione. Finalmente ci fornirono tutto l'equipaggiamento per l'Africa: scarpe, divisa, borraccia, casco, occhiali e forniture varie. Il 29 maggio fecero i primi scaglioni. Io partii con il terzo.

Il 4 giugno 1940, prendemmo il treno per Napoli. Appena arrivati a destinazione imbarcammo sulla nave "Giulio Cesare." Dopo due giorni e due notti di navigazione, sbarcammo a Tripoli. Appena sbarcati, fummo di nuovo caricati su un treno diretto per Zanzur. Percorremmo la linea Tripoli-Tunisia ed appena arrivammo lì, ci furono consegnati gli indumenti di guerra. Passavamo le giornate intere a seguire le istruzioni di guerra. Il 10 giugno, per radio sentimmo che il nostro governo dichiarò guerra alla Francia ed all'Inghilterra.

Il mio reggimento era della guardia frontiera nel 33esimo settore di copertura, un secondo caposaldo.

Fummo i primi a raggiungere la linea con i francesi. Per la prima volta attraversammo il deserto e raggiungemmo le montagne di Ifrene dove ci fu assegnato il posto di prima linea. Una volta giunti a destinazione fummo tutti pieni di gioia.

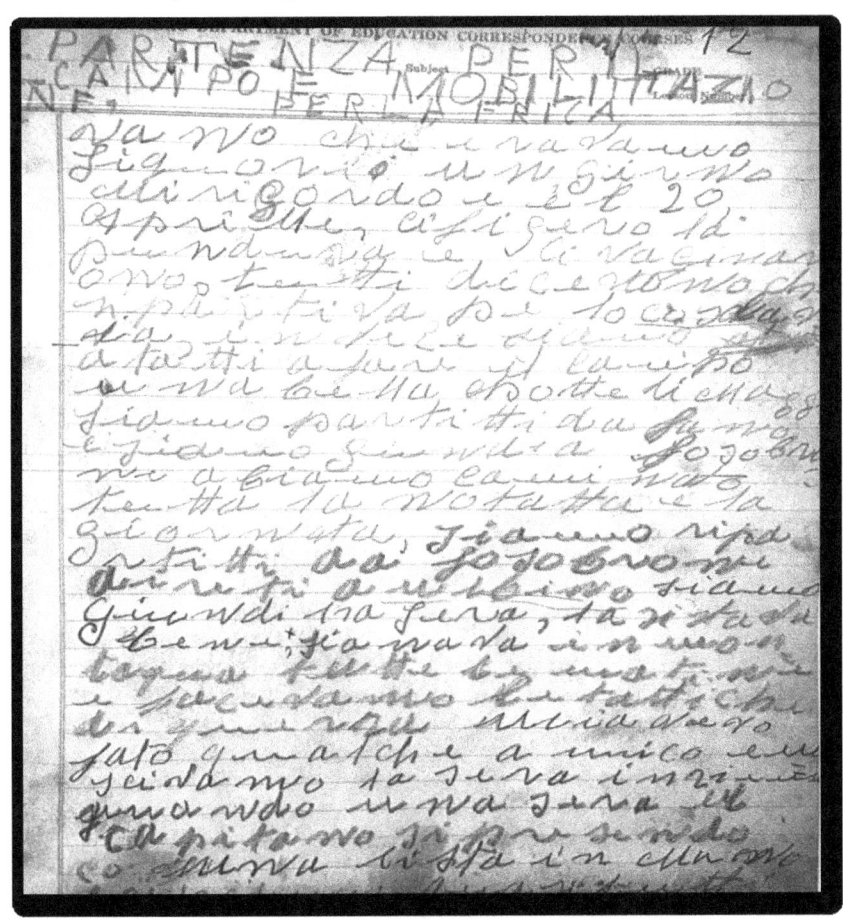

Pagina 12 del diario d'Emilio

La vita in guerra

Durante i primi scontri con i francesi e le prime cannonate, incominciammo a vedere i primi caduti in guerra. C'era molta sofferenza e molti sacrifici furono fatti. Dovemmo andare avanti senza mangiare e senz'acqua. Dopo dieci giorni di amara lotta prendemmo un paese chiamato Madimat situato a 200 chilometri dalla Tunisia e così dopo un mese di battaglia, la Francia si arrese. Lì per lì fummo tutti contenti di aver ottenuto la prima vittoria.

Tutti dicevano che la guerra era finita perché anche in Egitto le nostre truppe andavano avanti e si andava bene. Mentre tutte le compagnie del mio reggimento furono mandate a riposo. La mia compagnia rimase come truppa di occupazione per sei mesi. Mi sentii sfortunato anche in quell'occasione. Mi trovavo sulle montagne quando un mio amico mi disse che dovevamo ripartire per andare a difendere Tripoli. Anche lì lasciai degli amici francesi che avevo aiutato perchè erano gravemente feriti.

Nel 1940, arrivammo a Tripoli, ma il decimo corpo d'armata voleva mandarci nella Cirenaica. Mentre il primo e il secondo settore rimasero a Tripoli. Il mio ch'era il 33esimo settore fu mandato a venti chilometri in pieno deserto vicino a Zawiya. Là si doveva montare tutte le notti di guardia e di battaglia. Quando ero libero, mi mettevo a leggere ed a scrivere. Siccome mi comportavo bene con tutti, mi volevano bene.

Un giorno il sergente mi chiamò e mi chiese se sapevo leggere e scrivere. Gli risposi di sì ma sui documenti risultavo analfabeta. Lui mi portò al comando dove fui promosso a caporale. Allora tutti i miei compagni mi sfottevano e mi dicevano: "O caporale!"

Ero viceplotone; ma i giorni passavano sempre ugualmente. Dopo sei mesi mi fecero caporale maggiore e mi assegnarono una squadra da solo. Gli amici mi volevano sempre più bene. Un triste giorno stavo nel deserto quando al rientro con la squadra fui convocato e spedito di nuovo a Tripoli per la bassa difesa.

Tutte le notti c'erano bombardamenti e così ci mandarono a Suk-el-Giuma vicino al porto. Ma dopo due mesi ci richiamarono in compagnia ed appena rientrati ci misero a fare il fosso anticarro. Una cosa mi ricordo bene della mia vita è che passai tutto il giorno di Natale a lavorare. Avevo anche una gavetta per cucinare. I giorni passavano belli e tristi perchè m'ero messo a fare l'amore con una ragazza di nome Tina. Ci scrivemmo per quattro anni. Avevo anche la madrina di guerra che si chiamava Mafalda. Tutto sembrava andare bene. Le nostre forze erano stanziate in Egitto ed avevamo occupato Mersa Matruh. Tutti noi eravamo contenti. Anche i nostri superiori ci volevano bene.

L'anno terribile 1941

Era inverno e le piogge di gennaio erano finite. Un giorno il capitano ci disse che le nostre forze si sarebbero dovute ritirare siccome a più di mille chilometri di distanza, le forze nemiche avevano accerchiato Bardia e Tobruk. Il 21 aprile, Tripoli venne bombardata e fu fatta saltare la nave "San Giorgio." Ci furono cinquemila morti. Perdetti più di un amico.

Dopo quella terribile ritirata, le nostre forze si fermarono ad Agedabia e lì fu formata una linea di resistenza. Sapevo che mio fratello Sabatino si trovava a Bengasi. Non mi arrivava più la posta. Ero in pensiero, quando un giorno mi arrivò una sua lettera che m'informava che si trovava a Tripoli. Chiesi il permesso per andare a trovarlo ma mi fu negato. Non mi arresi. Andai a chiederlo al colonnello e dopo aver ottenuto il suo permesso mi precipitai a trovarlo. Non ci vedevamo da due anni. Fu un bell'incontro e lui fu felice di vedermi con la mia divisa di caporale maggiore. Andai a trovarlo tre volte. La quarta volta non lo trovai. Era ripartito per la prima linea e subito dopo me lo comunicò in una lettera.

Sabatino (terzo a sinistra) ed Emilio (quarto) a Tripoli

ci dissero che dovevo andare a Tripoli per la difesa, ho jja anche tutta la notte bestemmiando i bombardamenti e CO ti chiamano anche giorno vicino a porto, una dopo due che ti fiamo ritornati in compagnia, appena che siamo rientrati ci amo subito messi a fare il posso anti canno, e co che pozo ricordarmi della mia vita che passai l'estate del 1940 il primo terribile

stato in alba donare tutta la giornata con una camicia e passavamo i giorni belli e tristi l'altra sera messo a fare la mare co una ragazza di nome Lina e siamo scritto per quattro e non ci ciavamo andare a fare la matrima di guerra che si chiamava Jadda, e tutto a fare bene anche quando forse animate standono e vegito a vedano tre o chissa una tra che e tutti javamo contenti anche i nostri superiori a vederno bene.

Pagina 18 del diario d'Emilio

L'invasione tedesca in Libia

Era primavera quando vedemmo i primi tedeschi in Libia. Le nostre divisioni avevano ripreso Bengasi ed eravamo giunti fino a Tobruk. Lì rimanemmo quasi un anno, fino allo sbarco dei tedeschi. Dicevano che con meno di un anno avrebbero messo fine alla guerra ma quando provarono il deserto dissero che per loro non era buona la Libia.

Pagina 21 del diario d'Emilio

Avanzata d'Agedabia ad El Alamein

Era il 10 marzo 1942, quando le nostre moto corazzate attaccarono le forze nemiche. Il 20 maggio per la prima volta attraversai il deserto sirtico. Da Tripoli a Bengasi furono mille e cento chilometri. Raggiungemmo la linea il 6 giugno prima della resa di Tobruk. Fummo inviati a Marada in pieno deserto marmarico. Le giornate erano durissime così come le nottate. Soffrivamo la fame, la sete ed eravamo pieni di pidocchi.

I miei più cari amici morivano a destra e sinistra. Dopo tre mesi di quella vita finalmente arrivò un pò di riposo.

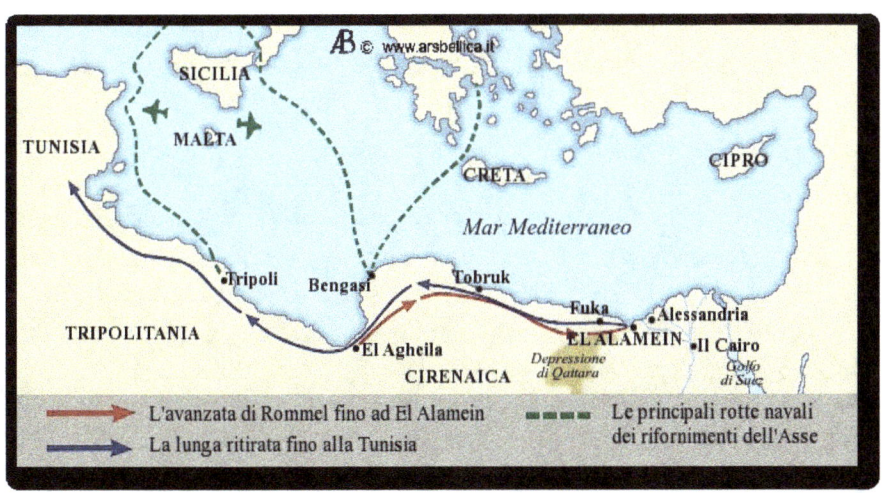

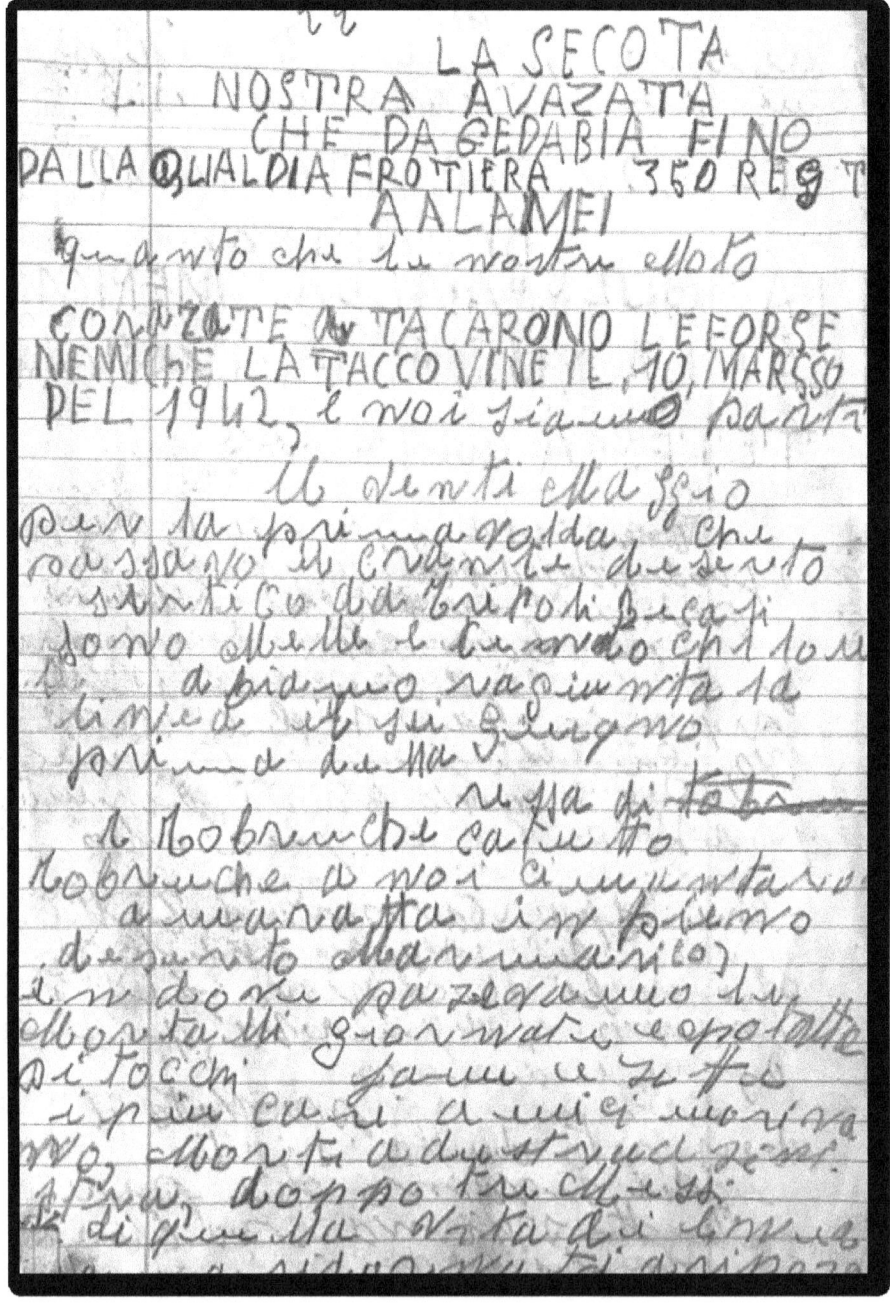

Pagina 22 del diario d'Emilio

Da caporale maggiore a soldato e d'autista ad appiedato

Ci portarono ad Agedabia a 150 chilometri da Bengasi. Sapendo che lì si trovava mio fratello Sabatino chiesi al perfido tenente Fiore il permesso d'andare a vederlo ma lui me lo negò. Gli chiesi il perché del suo rifiuto. Mi rispose che dovevamo ripartire per la linea. Poi disse che queste cose si dovevano chiedere per via gerarchica. Allora lo chiesi a tutti i miei superiori ma anche da loro mi fu negato. Lo stesso fecero con il mio amico Vizari.

Una domenica mattina, io ero capo batteria, ed allora abbandonai tutto e fuggii insieme a Vizari con la posta militare. La sera giungemmo a Bengasi e ci mettemmo subito a cercare i nostri fratelli. Purtroppo erano partiti entrambi il giorno prima e noi fummo costretti a tornare indietro ma ci impiegammo tre giorni perchè c'erano pochi mezzi. Il capitano mi aveva già denunciato come disertore per aver abbandonato tutto su due piedi. I miei amici mi dissero ch'ero stato denunciato al tribunale militare. Ma siccome io avevo chiesto il permesso e non ero fuggito abusivamente non potevo essere denunciato come disertore. Mi portarono comunque in prigione, in camera di sicurezza. Io chiesi rapporto con un colonnello e misi un avvocato. Ero capitano della terza compagnia ma la mattina del 10 luglio 1942 fui degradato dal generale Emilio Becuzi e fui messo in attesa di processo. Non partii con la mia compagnia.

Dopo un pò ripartimmo tutti per la linea. Quella notte stessa mi mandarono a raggiungere i miei compagni che si trovavano nella zona marmarica e facemmo parte ad un combattimento contro le camionette nemiche prendendo diversi prigionieri. Quando tornai al reggimento sembrava fossero intenzionati ad alleggerirmi la punizione invece mi spedirono in pieno deserto marmarico dove mi mandavano due litri di acqua con sale aggiunto. A volte c'era sale ed a volte non c'era sale nell'acqua.

Al ritorno da quel deserto infuocato ritrovammo una nostra pattuglia ch'era morta dissetata due giorni prima del nostro arrivo. Il mio plotone era composto di tutti bravi compagni che includeva: Raffaele Coppola, Livio Persica, Angelo Copetta, caporale maggiore Pino Lupi, Vincenzo D'Innocenzi ed altri ancora.

alla tappa, siamo ripartiti
per ... ti vedi, e mi mandan
no, a Giallo ... ti che sta
vano nella Marinaria e li
io come i miei compagni a bio
prezzo cosi partimo la carotera che ... e sabi
amo prese diverse, origiognuna
quanando, che siamo ridovuto
ti, a ... giuanto, ... pava che
mi stava do beti a gettolare la
mia ... in ve ne mia
do più due settimane in più
ni ripieno ... Marinarico
in dove era giumeva due tipi
di aqua salata in bre giorn...
quando ... quando no, in quello
locato buendo a biamo ritrovo
to, una nostra batuglia che
iva abortita di sé ta ... due
giorni prima del nostro
ario, era no tutti del mio
plotono, tutti bravi
o compagni era no, CODOBA
RAFAELE, PERSICA LIVIO
COPETA, ANCELLO,
CAP. MAG. LUPI PINO,
DI NOCEZO. VICENZO. E DE ALTRI

Pagina 25 del diario d'Emilio

Partenza per l'Egitto

Partimmo da Barce il 20 agosto 1942 e passammo per Derna, Tobruk, Sollum, Bardia, Siti Berrani, Mersa Matruh ed El Baba. Appena arrivammo a destinazione mi consegnarono sei prigionieri britannici. Dovevo farli lavorare ma non li capivo. Un giorno uno di loro si ammalò. Nessuno gli credeva allora gli procurai la roba per farlo guarire. Gli comprai dei limoni e gli feci l'acqua limonata. Il nemico diventò mio amico. Poi lui partì per il campo di concentramento di Bengasi ed io gli diedi 100 lire per comprarsi tutto ciò di cui aveva bisogno. Da quel giorno non lo vidi più.

Alle dieci di sera del 15 settembre, il comando ci annunciò che i britannici sarebbero sbarcati a Mersa Matruh. Così ci fu fatta cambiare la posizione. La mattina del 16 subimmo sei ore di bombardamento aeronavale. Quando vedemmo i primi zatteroni nemici venire contro di noi aprimmo il fuoco. Cominciarono ad urlare ed uno ad uno furono buttati tutti in acqua. Quelli che riuscirono a mettere i piedi a terra furono fatti prigionieri. Fu la più grande perdita britannica.

Il 10 ottobre, rimasi ferito ad una gamba e fui riportato indietro all'ospedale di Derna; dove fui messo al reparto mutilati. Chiesi un favore ad una crocerossina di nome Maria Coratini di Milano. Lei mi aiutò molto per farmi rimpatriare. Ma fui sfortunato perchè me ne innamorai e ci mettemmo a fare l'amore. Anche lei mi voleva bene ma nè i feriti e nè i mutilati potevano avere amicizia con il personale dell'ospedale. Intanto la commissione militare mi aveva riconosciuto come mutilato e fui messo in lista. Dovevo ripartire con la prima nave ospedaliera.

Ma una perfida capo reparto, una suora, un giorno mi trovò solo con Maria e mi fece rimettere di servizio. Io le rivolsi brutte parole. Le dissi ch'era rinnegata di madre e di padre. Allora mi fece rimandare in linea come grande punizione.

Alle ore dieci del 6 novembre ci fu l'attacco britannico. Il 10 novembre 1942, ero appena arrivato quando tutte le forze nemiche ci attaccarono.

Prigionieri italiani di Bardia

D'Alessandria a Tunisia

Durante questa ritirata di tremila chilometri, le nostre forze resistettero per otto giorni e otto notti consecutive. Le forze superiori americane e britanniche ci attaccarono per mare, per terra e per aria. In questo attacco terribile, le forze italiane resistettero ma a cedere furono le divisioni tedesche. Allora le forze nemiche riuscirono a penetrare le nostre linee distruggendoci. Dal comando arrivò l'ordine di resistere ma la resistenza durò poco perché fummo subito presi. Fummo sconfitti e fummo costretti a procedere in ritirata fino a Sidi Barrani. Lì avvenne lo scioglimento del nostro reggimento. Ci riunirono tutti a Misurata. Il 24 novembre fummo riorganizzati e partimmo per Gariam. Rividi Tripoli per l'ultima volta. A Tripoli riprendemmo il treno; eravamo una carovana d'abbandonati. Arrivammo alla stazione di Gariam.

Alle quattro pomeridiane cominciammo la salita sulla montagna dove la giungemmo la mattina seguente. Camminammo tutta la notte. Eravamo stanchi ed affamati. Dopo tre giorni ci arrivò l'ordine di metterci in linea di difesa perchè gli americani arrivavano dal deserto per attaccarci. Dopo due giorni e due notti fummo costretti ad abbandonare Gariam ed a ritirarci verso la Tunisia. Passammo per Nalut e Matameur. Facemmo la linea di resistenza a Mareth. Ripassammo, dove combattemmo già due anni prima. La nostra linea difensiva era stremata. I nemici ci attaccarono da tutte le parti.

C'erano gli americani, i marocchini, i francesi, l'ottava armata britannica e la legione straniera. La nostra linea di resistenza non valse a nulla perchè gli americani ci attaccarono da dietro e la nostra favolosa divisione fu quasi completamente decimata. I nostri sacrifici tra sabbie mobili e sabbie infuocate furono inutili. Ci furono morti, feriti dispersi e mutilati. Tutti i sopravvissuti furono fatti prigionieri.

Era il triste febbraio del 1943 quando il capitano ci diede l'ordine di ripiegare. Per tre giorni e tre notti camminammo sotto il tiro delle artiglierie e giungemmo nei pressi d'Alam.

La sera del 20 febbraio facemmo i nostri ricoveri. Eravamo stanchissimi ma il tenente mi diede l'ordine di rimanere di guardia. Pensai che non ce l'avrei fatta ma quella notte mi venne in mente che i morti vedessero perchè mi addormentai e subito fui svegliato da una voce strana. La voce mi chiamò due volte. La terza volta mi costrinse a svegliarmi ed in quel momento vidi alcuni soldati marocchini venire verso di me. Diedi l'allarme con due bombe a mano. Questa fu la nostra ultima azione perché la notte seguente ripiegammo e camminammo a piedi con tutto il materiale. Scendemmo verso la pianura di El Alamein.

Camminavamo con l'anima alla gola. Era il secondo giorno senza acqua. La sera del terzo giorno di cammino, il 26 febbraio, arrivammo ad un pozzo con l'acqua dove ci dissetammo. Mentre ci dissetavamo, vedemmo arrivare il nemico. Non avemmo neanche il tempo di difenderci in battaglia perchè fummo tutti disarmati.

Martirio della mia prigionia

Quando tutti furono portati via, io con i compagni, Vito Lupone, Valone e Maccini riuscimmo a scappare. Camminammo per tutta la notte ma purtroppo per l'oscurità sbagliammo strada. Quando stavamo per uscire da questa strada, Vito si arrese, allora ce lo caricammo sulle spalle ma lui ci chiese di fargli una buca e di metterlo dentro. Facemmo la buca, lo baciammo e lo mettemmo giù. Ci lasciò la foto e l'indirizzo della sua mamma. La mattina del ventisette febbraio arrivarono gli americani; avevamo appena finito quella triste traversata, stavamo riposando quando ci sentimmo sparare addosso. Alzammo le mani e dicemmo di aver lasciato indietro un compagno. Lo riprendemmo e raggiungemmo un campo dove ritrovammo tutti gli amici. Poi ognuno seguì il proprio destino.

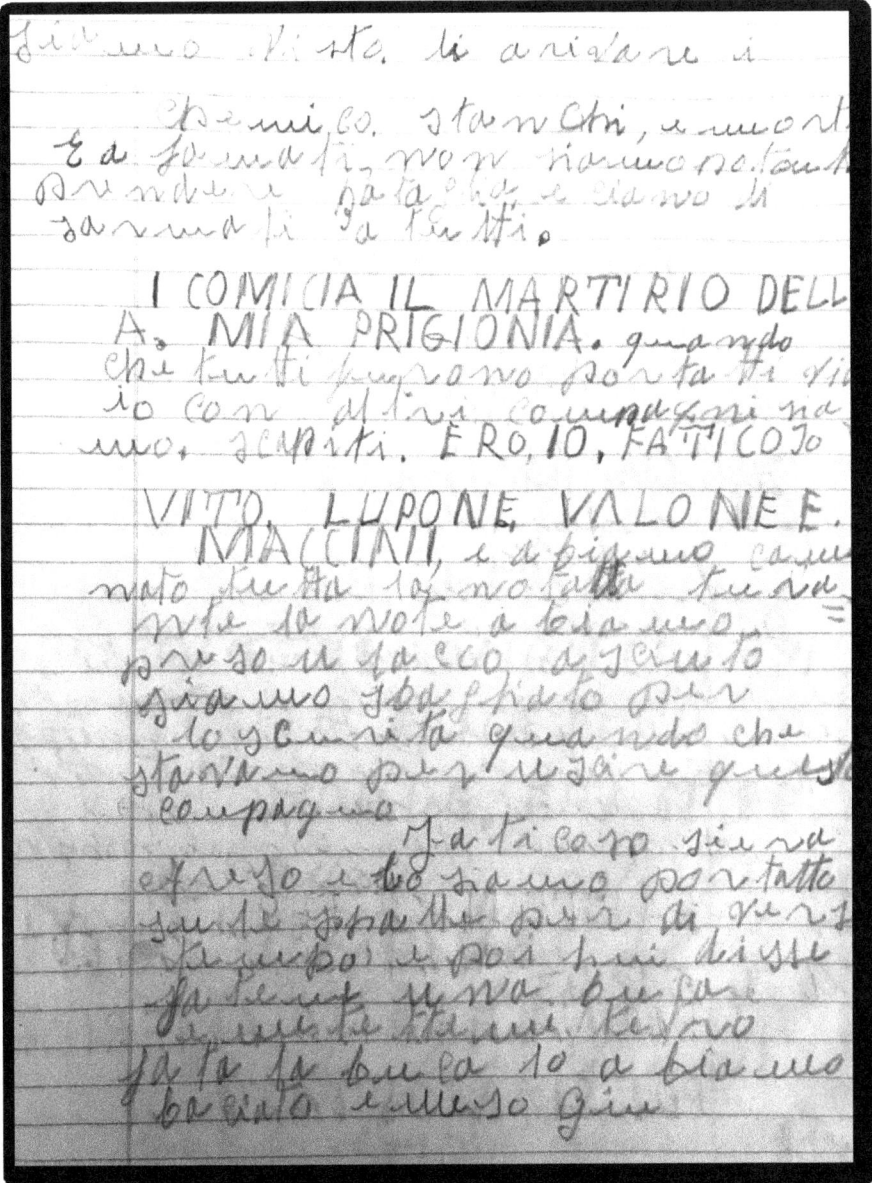

Pagina 35 del diario d'Emilio

Partenza per i nuovi campi

Il 4 marzo 1943, partimmo per Bone, Algeria dove c'erano gli americani. Da lì continuammo per Constantina, Algeri ed arrivammo il 20 marzo dove trovammo i francesi. Il 28 marzo eravamo ad El Alamein dove incontrammo i marocchini e gli arabi. Finalmente, partimmo il 10 aprile per Algeri dove trovammo i nostri amici inglesi.

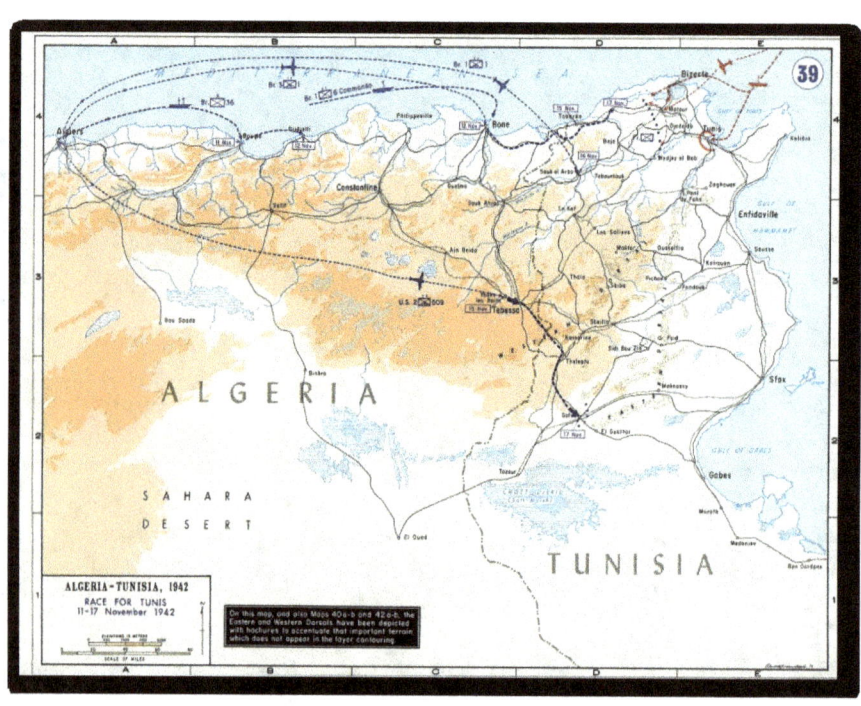

I campi dell'Africa del Nord

Da Bone a Costantina c'impiegammo otto giorni a piedi e poi da Algeri ci mettemmo tre giorni di treno. Là imbarcammo per una nuova destinazione. Imbarcammo la mattina del 25 aprile 1943, sabato Santo, con la nave "Il Principe d'India."

Dall'Africa settentrionale giungemmo l'Africa del sud. Partimmo Algeri passando per il canale del Suez fino al porto di Djibouti. Da lì arrivammo a Pretoria. Io presi la seconda gabbia del primo campo del terzo blocco. Da Algiers a Pretoria c'impiegò venti giorni. Durante questa lunga traversata, soffrii di tutto: fame, mal di mare, pidocchi, e zozzeria a non finire. Nella vita dei campi eravamo tutti amici e tutti nemici. Si fingeva d'essere ciechi e muti. Chi ti menava per la religione o perchè eri fascista. Chi s'era impazzito e chi s'era fissato. Non potevamo parlare. Dopo un mese di campo di prigionia, a causa delle sofferenze e della fame, ebbi un abbassamento della vista. Qualche amico cercò di aiutarmi con l'unica lira che ci passavano ch'era una mancia. Ci davano tre pannocchie di granturco e una fetta di pane al giorno.

Erano già tre mesi che stavo in sud Africa quando marcai visita per essere trasferito. Feci la domanda e mi venne accettata. Però il trasferimento era per l'India, allora rifiutai. Ma dopo una settimana fui chiamato all'ufficio di comando e mi dissero che presto sarei partito per l'Inghilterra. Così feci tre mesi di quella vita straziata. Il 30 giugno 1943, partimmo dal campo, passando Pretoria, Nairobi, fino alla Città del Capo. C'impiegammo quattro giorni e tre notti per raggiungere il porto ed imbarcammo la nave "Regina Maria." Dal 4 luglio, ci mettemmo tre mesi.

Questo per me fu più male che bene; dopo due giorni di navigazione i giapponesi ci attaccarono nei pressi della Nuova Zelanda. Fummo rinchiusi nelle stive come tanti deportati. Le guardie che ci accompagnarono erano armate di mitragliatrice. Quando arrivammo, dovettero accompagnarmi perchè non ci vedevo bene. Durante quella mortale traversata, il 25 luglio, tutti seppero dell'arresto di Mussolini.

Noi stavamo all'oscuro su tutto. Arrivammo in Inghilterra il 6 settembre 1943, e sbarcammo a Liverpool. Il primo campo, numero sette, fu a Londra. Appena arrivammo, sapemmo della resa del governo italiano.

Ci ripulirono e ci vaccinarono. Passammo per le mani della Croce Rossa. Fummo riorganizzati e mandati a lavorare per i campi. Io capitai al campo numero nove ch'era un campo di smistamento. Rimasi qui per due mesi. Poi fui mandato al campo 114 a Westbury.

Passammo molto tempo vicino a Oxford. Un giorno al campo arrivarono altri prigionieri e rincontrai un mio caro compagno, Alberto Massaroti. Trascorrevamo la vita nei campi. Com'era triste vedere tutti quei giovani ventenni privi d'ogni cosa. Erano privi di notizie. Non ci arrivava la posta. Io rimasi tre anni privo di qualsiasi comunicazione. Altri soldati potevano scrivere ma il comando ce lo proibì. Potevamo scrivere solo una lettera al mese.

Era difficile non ricevere la posta per tre anni. Nessuno sapeva dove mi trovavo. I miei fratelli fecero richiesta alla Croce Rossa e seppero dopo due anni ch'ero stato fatto prigioniero. Nel distaccamento eravamo una cinquantina di prigionieri ed eravamo come una famiglia. Si lavorava per i campi e nei magazzini. Io ero capitato a lavorare con le macchine per scaricare il carbone. Poi mi cambiarono impiego e mi misero a lavorare nei forni dove si bruciava l'immondizia. Si lavorava otto ore al giorno.

Emilio in Inghilterra con un amico 1943

Primo Natale in prigionia

Il primo Natale in prigionia fu triste per me, ma lo fu ancora di più per i miei amici che avevano lasciato le mogli, i figli, le madri, i padri e le sorelle. Avevamo tutti le lacrime agli occhi, pensando anche alla triste sorte ch'era toccata all'Italia, invasa dai nemici. Sentivamo parlare di tutti i disastri che succedevano. Il nostro morale era sempre basso. Quando gli inglesi ci domandavano qualcosa, noi rispondevamo: "Viva l'Italia, viva il Duce." A sentire queste parole si arrabbiavano.

Questa era la nostra vita; la sera quando rientravamo c'era la conta dei prigionieri. La mattina noi tutti c'impegnavamo a fare dei bei lavoretti. Facevamo anche le macchinette per accendere le sigarette. Chi faceva lamette, chi cantava e chi cuciva. Io facevo il sarto. Mettevo le spighette ai pantaloni. Mi davano mezza sterlina al paio.

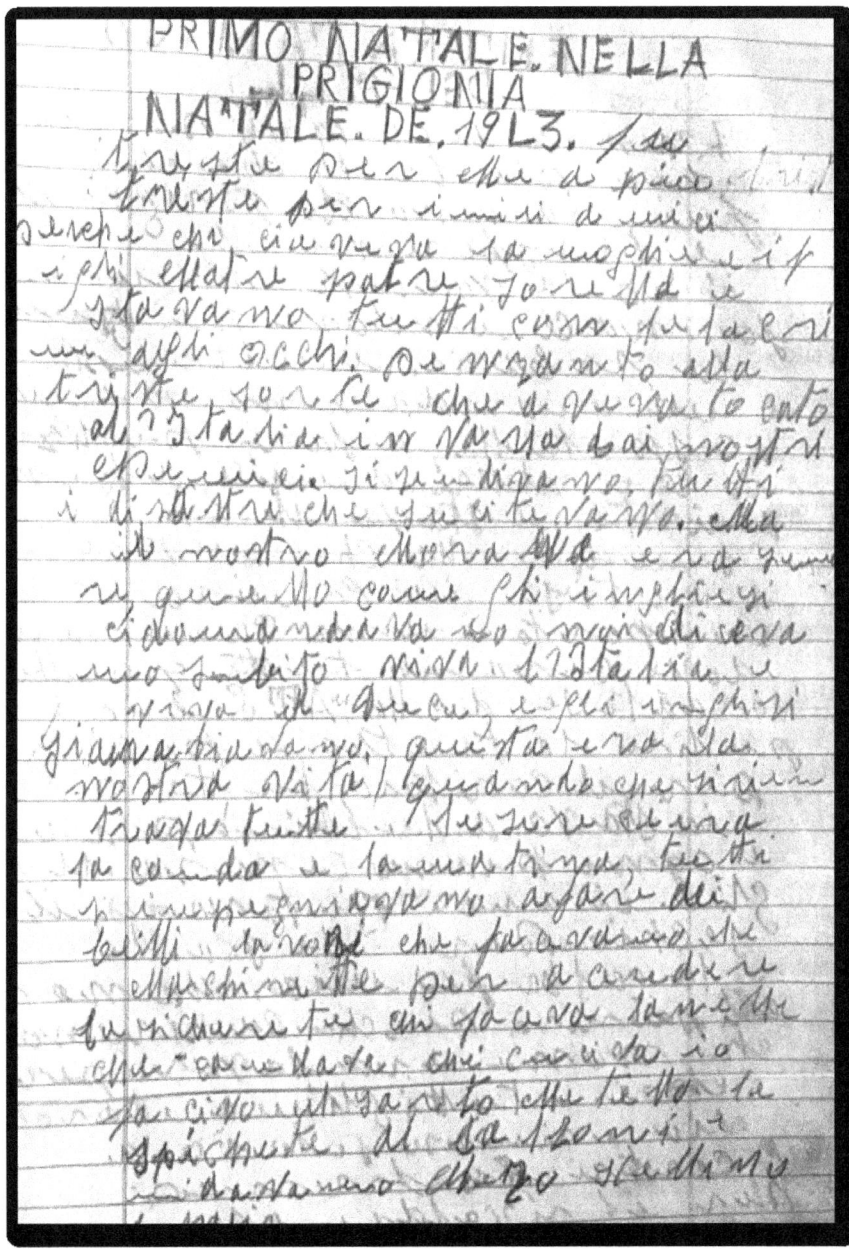

Pagina 45 del diario d'Emilio

L'anno 1944

L'anno 1944, fu per me più triste che mai perchè feci un anno di prigione e subii parecchi trasferimenti. Lavoravo in una fornace dove bruciavo rifiuti. Poi mi cambiarono lavoro e mi mandarono in un ospedale a fare le pulizie insieme ad altri amici. C'era una sentinella che mi fece cominciare il lavoro in una camera dove c'erano tutte soldate dell'A.T.S. (Agenzie di Tutela della Salute). Dovevo pulire anche il corridoio. Tutti ridevano di me. Io stavo all'ultimo piano ed ad ogni piano c'era un mio amico. Un giorno buttarono un secchio d'acqua per le scale e la colpa fu data a me. Non fui punito per questo perchè capirono che non era un lavoro per me e rimasi ad accendere le fornaci per il riscaldamento. Durante il periodo di lavoro nell'ospedale fui sorpreso perchè mi misi a fare l'amore con una soldata. Un giorno fui preso con lei da un cattivo sergente inglese che mi mandò per punizione alle miniere di carbone.

Mi mandarono in Scozia, a trenta chilometri da Glasgow. Il mio compito era quello di rimandare i carrelli carichi di carbone. Anche lì c'erano le donne e c'era una che non mi poteva vedere. Io chiesi di cambiare posto ed il capo reparto mi voleva cambiare posto ma lei non volle invece mi chiese se avevo moglie. Un giorno mi disse che mi voleva bene. Tutti i giorni mi dava i soldi o le sigarette. Finita la punizione, ritornai al campo dove tutti mi aspettavano.

Un giorno ritornando dal lavoro mi chiamarono all'ufficio e l'interprete mi domandò se avevo conosciuto qualche ragazza. Risposi di no. Allora mi presentarono delle lettere sue e mi punirono mettendomi per quattordici giorni a pane ed acqua. Così passai quel triste Natale del 1944, abbandonato in una stalla dove io descrissi al capo le mie umili condizioni privo di luce e di conforto.

Il giorno di Natale, il capo comandante voleva portarmi fuori insieme ai miei compagni. Gli risposi che non era possibile. Gli descrissi le condizioni della mia prigionia ch'erano sporche e malfamate. Gli dissi che avevo soltanto un'ora al giorno per uscire. Siccome lui mi voleva bene, non solo mi fece uscire a pranzo con gli altri compagni ma abolì anche gli ultimi giorni di punizione che m'erano rimasti da scontare.

Pagina 48 del diario d'Emilio

Settembre 1945

L'anno 1945, fu per me meno triste. Ma ci fu un distacco con i miei amici, il cambiamento di campo, la morte del mio più caro amico ed inoltre la cooperazione con gli inglesi nel nostro campo di prigionia. Ci venne proposto di cooperare con i carcerieri nemici. Io fui il primo a dire di no. Anche altri miei amici rifiutarono e ci mandarono al campo fascista, Pioneer Corpus 350. Gli inglesi ci volevano bene perchè dissero che noi eravamo veri italiani. Così continuammo a svolgere lo stesso lavoro di prima. Il campo dove ci spostarono si trovava in un paese di nome Marlborough vicino a Burford ed a Burmingham ch'era una grande città. Lavoravo in un'officina dove si riparavano le locomotive dei treni ed io stavo benissimo.

Un giorno, siccome capitavano tutte a me, mi mandarono con un manovratore a fare la prova della macchina, ma lui non poteva vedere gli italiani e mi disse, "Bastardo!" Allora lo presi a palettate e mi mandarono via.

Verso la metà di settembre, ero fermo ad un incrocio, quando vidi un soldato. Lui mi domandò se fossi mai stato in Africa e gli risposi di sì. Mi chiese se lo riconoscevo. Io risposi di no. Volle sapere il mio nome e il numero del campo dov'ero prigioniero. La domenica successiva fui chiamato dall'interprete ed andai all'ufficio. Mi domandarono se conoscevo qualche soldato. Ad un certo punto vidi il soldato che incontrai con tutta la sua famiglia. Davanti al maggiore mi fecero tanti onori, dicendo che gli avevo salvato la vita in Libia. Volevano portarmi con loro per due giorni.

Rimpatrio e sacrilegio

Eravamo tutti convinti che saremmo stati rimpatriati entro l'anno 1945. Eravamo contentissimi; ma poi ci dissero che i rimpatri erano chiusi ossia bloccati. Allora prendemmo tutte le immagini dei santi che avevamo e li mettemmo dentro una stufa e li bruciammo. Il mio dormitorio si trovava nella baracca numero 34. La domenica mattina arrivò il prete con due guardie per ribenedire la baracca. Disse che noi eravamo senza Dio. Ci dissero ch'eravamo atei. Chiamò ateo per primo un certo Candini, poi per secondo me e rimproverò quasi tutti gli altri. Ecco che venne Natale 1945, andammo a confessarci ma il prete ci mandò via.

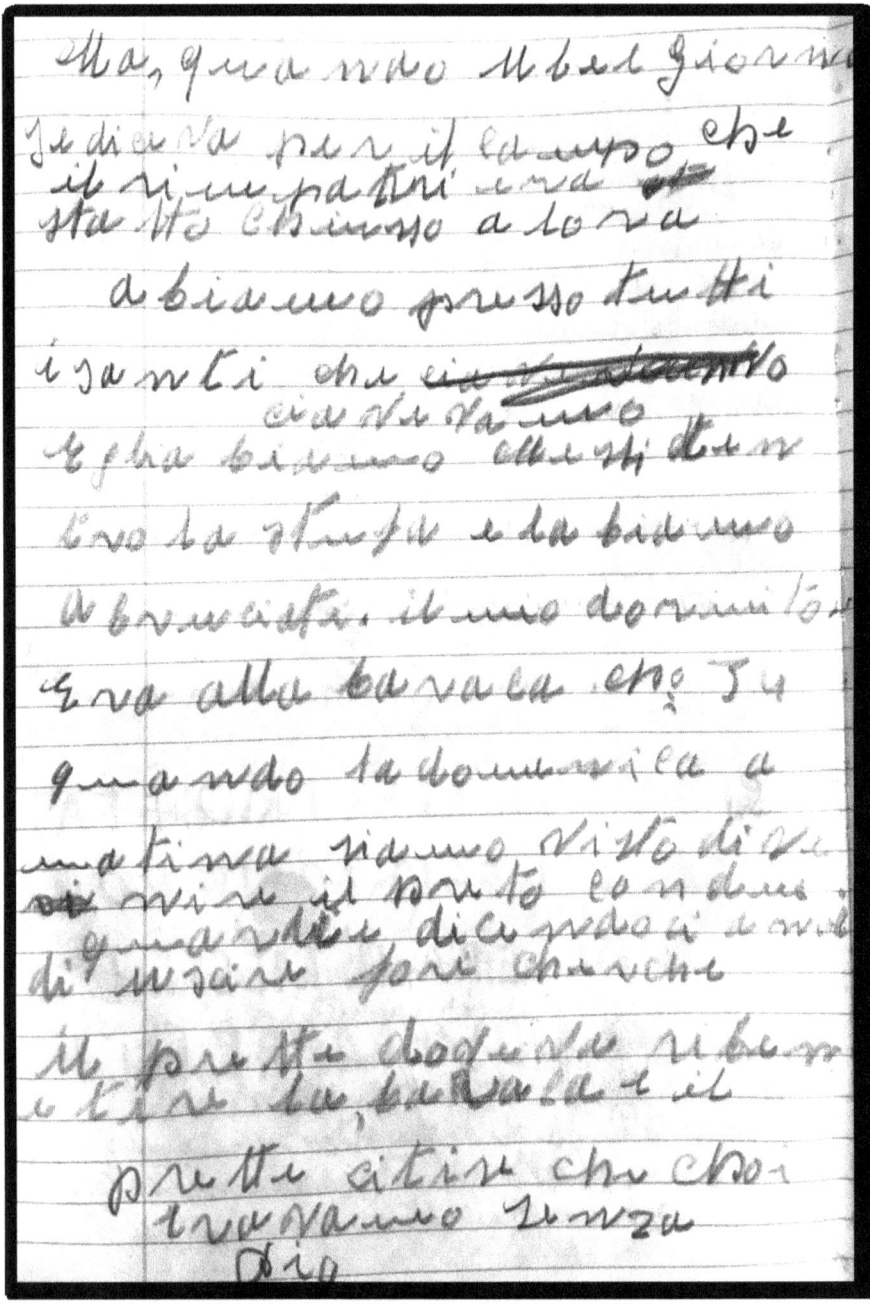

Pagina 52 del diario d'Emilio

Liberazione 1946

L'anno 1946 fu l'anno della nostra liberazione. Sentimmo tanta gioia e tanta tristezza. Aspettammo altri sette mesi prima del rimpatrio. Era il mese di agosto quando incominciarono a rimpatriare i più anziani; allora eravamo tutti contenti. Io lavoravo a Oxford e finii di lavorare il 28 agosto.

Lasciammo il campo il 4 settembre e ci portarono ad un porto vicino a Bristol. Là ci sottoposero ad una visita e ci tolsero tutto quello che avevamo. A me presero due anelli d'oro, le sigarette ed altra roba. Dopo otto giorni prendemmo il treno per Londra ed imbarcammo sulla nave francese, "Cartacivia" che fece Londra-Napoli.

C'impiegò nove giorni. La mattina del 24 settembre riprendemmo la libertà. Ci portarono a Posillipo in un campo di smistamento. Lì salutammo tutti gli amici e la sera partimmo per Roma. Arrivammo il 25 settembre. Appena arrivammo alla stazione c'erano i partigiani che ci aspettavano e li facemmo scappare. Ci portarono alla caserma Bianchini alla Batteria Nomentana e là ci diedero subito la licenza per due mesi. Mi misi subito in cerca dei miei fratelli. Uno si trovava a Roma, un altro a Tufo ed il terzo a Tivoli.

Giravo per Roma come un turista sconosciuto. Mi feci un'idea della mia situazione. Ritornai alla casa che avevo lasciato. Lì trovai un mucchio di macerie. Domandai ad un vecchio conoscente di mio fratello e mi disse che mio fratello più grande stava alla Garbatella. A forza di domandare lo ritrovai. Fui felice. Lo abbracciai e conobbi anche mia cognata Vittoria. Avevano due bambini Anna e Sergio. Sergio gli morì qualche settimana dopo il mio ritorno. Anche la piccola Anna stava all'ospedale. Mio fratello era disoccupato e faceva il facchino a cacciare i banchi dei fruttivendoli. Capii che avevano debiti su tutto e così finii i due mesi di licenza e il distretto mi liquidò con ventimila lire. Chiesi a mio fratello se potevo restare con loro ad abitare e vidi subito ch'erano in gravi condizioni finanziarie.

Mi cercai un lavoro ma c'era tanta disoccupazione. Come reduce tutti mi promettevano lavoro ma nessuno mi chiamava. Mi finirono anche i soldi perché più della metà li avevo dati a loro. Allora incominciarono le liti. Trovai un lavoro da facchino, anche se non ero abituato a questo tipo di lavoro.

Foglio di congedo illimitato

Emilio Di Giuseppe

A) STATO DI SERVIZIO

Arruolato il 11-4-1939

Giunto alle armi il 18-3-1940

Assegnato al 94° Rgt. Ftr.

Trasferito al 93° Rgt. Ftr. il 28-5-1940

Trasferito al 1° Rgt. Ftr. il 4-6-1940

Trasferito al _____ il _____

Trasferito al _____ il _____

Arte o professione: Contadino

Titolo di studio: analfabeta

Specializzazione conseguita _____

B) CAMPAGNE, FERITE, DECORAZIONI, ENCOMI, ECC.

Ha partecipato dall'11-6-1940 al 30-1-1943 col XXXIII Btgl. Ref. e dal 31-1-1943 al 8-4-1943 alle operazioni di guerra svoltesi in Africa Sett.

Ha titolo all'attribuzione dei benefici di cui all'art. 4 del D.L. 1-3-1948 n.132 in essere stato prigioniero degli Inglesi dall' 8-4-1943 al 5-2-1946

Campagna di guerra 1940   Campagna...
Campagna di guerra 1941   Campagna di guerra 1943

C) RICHIAMI ALLE ARMI

Giunto alle armi per _____ il _____

Congedato il _____

IL COMANDANTE DEL CORPO

Giunto alle armi per _____ il _____

Congedato il _____

IL COMANDANTE DEL CORPO

DOVERI DEL MILITARE IN CONGEDO

1. Giunto nel luogo di residenza, deve presentarsi al comune per fare apporre il visto sul foglio di congedo.
2. Deve custodire con ogni cura il foglio di congedo. Alle domande non allegare mai l'originale, ma una copia legalizzata del foglio di congedo.
3. Notificare al distretto ogni cambiamento di domicilio o di residenza.
4. Durante il congedo può liberamente espatriare. All'estero deve segnalare al Consolato italiano il suo recapito.
5. In caso di richiamo alle armi, presentarsi al distretto di residenza munito del foglio di congedo o di un documento di riconoscimento del comune. Non presentandosi, sarà denunziato per diserzione.

NOTE. – (1) Corpo che rilascia il congedo. – (2) Indicare il motivo del congedamento (per fine ferma, per anticipazione, per smobilitazione, ecc.) e la disposizione che ordina il congedamento. – (3) Grado, Casato e Nome. – (4) Indicare il numero di matricola

Vita solitaria

Dopo averli aiutati a pagare i debiti, cominciarono a calunniarmi contro mia cognata ed i suoi parenti siciliani. Io allora me n'andai e mi aggregai con una squadra chiamata "Sciangai." La sera andavamo per ferro e poi loro ritornavano a casa ed io invece andavo alla stazione a dormire in un vagone vecchio. Feci quella vita per più di un anno.

Dopo mi ritrovarono e mi portarono nuovamente a casa con loro. Mi trovarono lavoro nell'orto con un certo Cerione, ma ero sempre sbandato. A Vittoria i soldi non bastavano mai.

Appena ritornai dalla guerra, feci del tutto per ritrovare i miei quattro fratelli. Riuscii a far ritornare con noi Attilio mio fratello perché aveva litigato con mia cognata. Dopo averla aiutata a tenersi fuori dai debiti ricominciò di nuovo a darci calci. Visto che i soldi non gliele davamo più, cominciò a prometterci il mondo.

Decisi di trovarmi qualche buona ragazza. Ne trovai più di qualcuna ma nessuna era il mio ideale. Nel settembre 1948, mi presentarono una ragazza di nome Angelina, ricordo bene ch'era domenica. Io stavo a San Giovanni e così passò del tempo. Ci conoscemmo, come ero io e come era lei. La feci conoscere ai miei parenti. Tutto sembrava andar bene, quando ebbe inizio un periodo di martirio sia per me che per lei. Casa non era mia e neanche il letto dove dormivo era mio. Non sapevo più dove sbattere la testa. Per tre anni fu sempre la stessa storia, finché mi stufai della situazione e presi le carte per sposarmi. Ci sposammo il 4 febbraio del 1951.

Vita sposata

Sposai Angelina alla Chiesa San Francesco Saverio alla Garbatella alle cinque di mattina. Eravamo come due orfani. A pranzo mia cognata Vittoria fece finta di stare male. Per darci più cordoglio ci disse che la domenica seguente avrebbe fatto un pranzo. Allora feci venire tutti i parenti di mia moglie, i fratelli ed il padre. Fu tutto invano perchè Vittoria prese il mal di denti. Tutto ciò è stampato nella mia memoria.

Io, come pure mia moglie, non avevamo bei ricordi di questo ma insieme provammo tanta felicità, che nessuno aveva tra tutti i nostri conoscenti.

Certificato di matrimonio d'Emilio ed Angelina

Gli anni più belli

In principio fu difficile capirci di carattere e si passava qualche giorno triste. Era sempre per colpa di mia cognata. Dopo un mese ci mandò via di casa e noi trovammo una stanza fredda e nuda da una vecchia di nome Filomena ch'abitava su Via Cristoforo Colombo. Eravamo privo di tutto; io con il mio lavoro guadagnavo poco. Sacrifici su sacrifici quando arrivava il sabato, mi vergognavo di riportare tremila lire a mia moglie. Si tirava avanti sempre con tanti dolori. La prima spesa che facemmo fu di comprarci un letto. E poi piano piano tutto. Facemmo anche più degli altri.

La famiglia di mia moglie era composta di una madre, padre e tre fratelli. Il primo era Augusto, il secondo Mario e il terzo Antonio. Erano tutti e tre gran lavoratori. Ognuno di loro formò una famiglia. Suo padre si chiamava Anacleto e sua madre Maria.

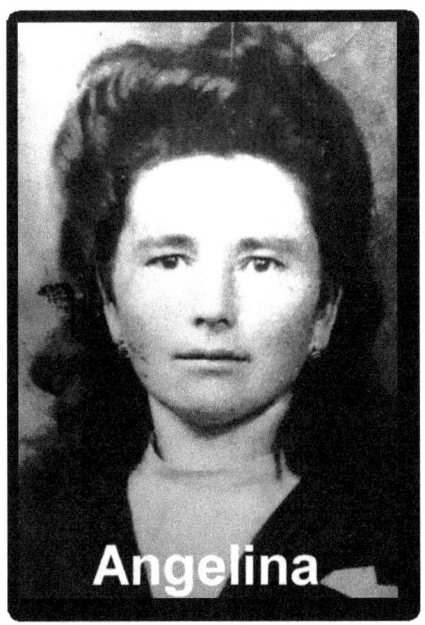

Erano dei semplici contadini ma bravi e rispettosi verso tutti. Quando andavo al loro paese, tutti mi amavano. Mia moglie nacque a Villa Santo Stefano in provincia di Frosinone ma la sua residenza era a Prossedi in provincia di Latina.

Era quasi un anno che lavoravamo tutti e due, quando il 2 dicembre Angelina diede alla luce una bambina. Era veramente bella. Piangevo dalla gioia e la chiamammo Bruna. Tutti ci rimasero a vedere il nostro angioletto e d'allora fui sempre di più legato al lavoro perchè prendevo poco. Mi dedicai perfino a riparare le scarpe degli altri per paura che mancassero i soldi per comprare la roba di cui Bruna aveva bisogno. Non mi stancai mai. Fui premuroso verso la mia famiglia. Subito comprai una casetta prefabbricata. Si andava avanti a meglio a meglio.

Quanto era triste vedere soffrire il mio angioletto perchè provava dolore per il fatto che sua madre doveva lavorare per aiutarmi. Con il suo aiuto mi fabbricai un'altra casetta da solo. Per questo stavamo tanto bene. Si cantava tutti i giorni. Un giorno mi disse che sarebbe arrivato un altro bambino.

E fu così che il 7 febbraio del 1954, venne alla luce un bel maschio e gli demmo nome Franco. Ora c'erano due angioletti. Allora cambiai lavoro e andai a lavorare nei cantieri. Facevo il manovale e guadagnavo benino. La sera quando ritornavo mi dedicavo a fare il muratore e pian piano mi costruii una casetta ed anche mia moglie mi aiutò.

Con l'aiuto di Dio, la mia bella e cara famiglia stava tanto bene. Facemmo l'orto e le galline. Tutti c'invidiavano. Era il 1956, quando per la prima volta vidi la neve a Roma. Fu un anno sfortunato, perché con il freddo fui sospeso dal lavoro e mia moglie mi annunciò l'arrivo del terzo figlio. Così venne alla luce la mia terza figlia. Anche lei era meraviglia e gli mettemmo nome Marina. Era furba, vispa e dispettosa.

Anche il 1956 fu un anno sfortunato perché rimasi senza lavoro. Caddi a letto ammalato per una sciatica alla gamba destra. A rialzarmi ci misi più di quaranta giorni. Pensa quanto dovetti tribolare! Mia moglie lavorava con tre figli piccoli e non c'era nessuna cura per poter guarire. Finché un giorno mi portarono assieme a mia moglie all'Ospedale Fate Bene Fratelli. Ci dissero che là c'erano i frati che guarivano questo male e fu veramente un miracolo. Mi tolsero il sangue al tallone e potei subito camminare. Ero rimasto senza soldi e pensavo ai miei poveri tesori che avevano sofferto. Ma non gli feci mancare niente. Non si fecero mai vivi né i miei parenti, né i miei amici. Solo mio suocero e Mario mio cognato vennero a Roma e portarono quello che potevano. Mio cognato Augusto mi mandò cinquanta dollari dal Canada. Io fui disoccupato per sette mesi. Bruna e Franco erano curati bene e andavano all'asilo ben vestiti. Crescevano come due fiori.

Bruna, Franco, e Marina (seduta)

Mia suocera a Roma

Io ripresi il lavoro il mese di marzo con l'impresa Puccini a Monte Mario. Avevo appena cominciato a lavorare quando un giorno ricevetti una telefonata sul lavoro e mi dissero che dovevo tornare subito a casa. Così partimmo subito per Santo Stefano e trovammo mio suocero paralizzato. Anche questa disgrazia per me fu tanto doloroso perché Anacleto mi voleva tanto bene. Dopo una settimana morì. Fu tutto molto amaro. Poi, piano piano dimenticammo la scomparsa di mio suocero e ritornammo alla vita normale. Dopo due mesi portammo mia suocera a vivere con noi a Roma.

Fu la mia gioia e il mio svago. Quando tornavo la sera era un piacere chiamarla "mamma." Lei era contenta e trascorse i suoi giorni più felici con noi. Anche i miei piccoli crescevano bene ed anche Angelina era tanto lieta di vedere sua madre contenta. Io feci vari lavori con le imprese C.G.F.E.U.R, Puccini Monte Sacro, Pacifici Monte Sacro e Lenzano Carlo Prima Valle. Dal 1957 al 1964 tutto andava bene. Io imparai il lavoro di puntarolo, un arnese da falegname e guadagnavo bene.

I miei figli andavano tutti e tre a scuola. Bruna aveva finito le elementari. Franco faceva la quarta classe e Marina la terza. Andavano bene, specialmente Franco che mi ha dato sempre soddisfazione.

Partenza per il Canada

L'anno 1952, mio cognato Augusto partì per il Canada e mi disse che avrebbe potuto farmi l'atto di richiamo. Il primo me lo fece nel 1963 ma non potetti partire per carenza finanziaria. Il secondo me lo fece nel 1964 e l'accettai. Passai la visita il 23 settembre. La partenza fu fissata per il 30 ottobre. L'atto di richiamo era in famiglia. C'erano spese sopra e sotto per i certificati, per i bauli, ecc…

Tutti mi dicevano, "Quanta gioia, beato te che vai in Canada!" Lasciai parenti, amici, compari, ma la cosa più cara fu che mi doleva il cuore a lasciare mia suocera. Lei fu triste e pianse quando l'abbracciai per dirle, "Addio mamma."

La partenza della mia famiglia ancora adesso se la rimpiangono. Imbarcammo a Napoli sulla nave "Saturnia," il 30 ottobre, alle ore 11:00 e alle 12:00 lasciammo Napoli. Facemmo Napoli, Gibilterra, Lisbona e Halifax. Furono dodici giorni di sofferenza. Io e Bruna ce la passammo malissimo.

Sbarcammo ad Halifax il mattino dell'otto novembre. Riprendemmo alcuni documenti, passammo la dogana ed alle quattro pomeridiane partimmo per raggiungere questa dolorosa città di Toronto.

Arrivammo a Montreal il giorno seguente a mezzogiorno. Alle quattro pomeridiane partimmo per Toronto, ed arrivammo alle undici. Alla stazione c'erano tutti e due i miei cognati. Eravamo tutti felici e contenti. Arrivammo a casa loro e ci ospitarono bene. L'indomani mattina vidi subito la situazione e mi feci un reso conto. Riposai per una settimana e poi andai all'ufficio di collocamento e lì mi mandarono a lavorare il giorno seguente.

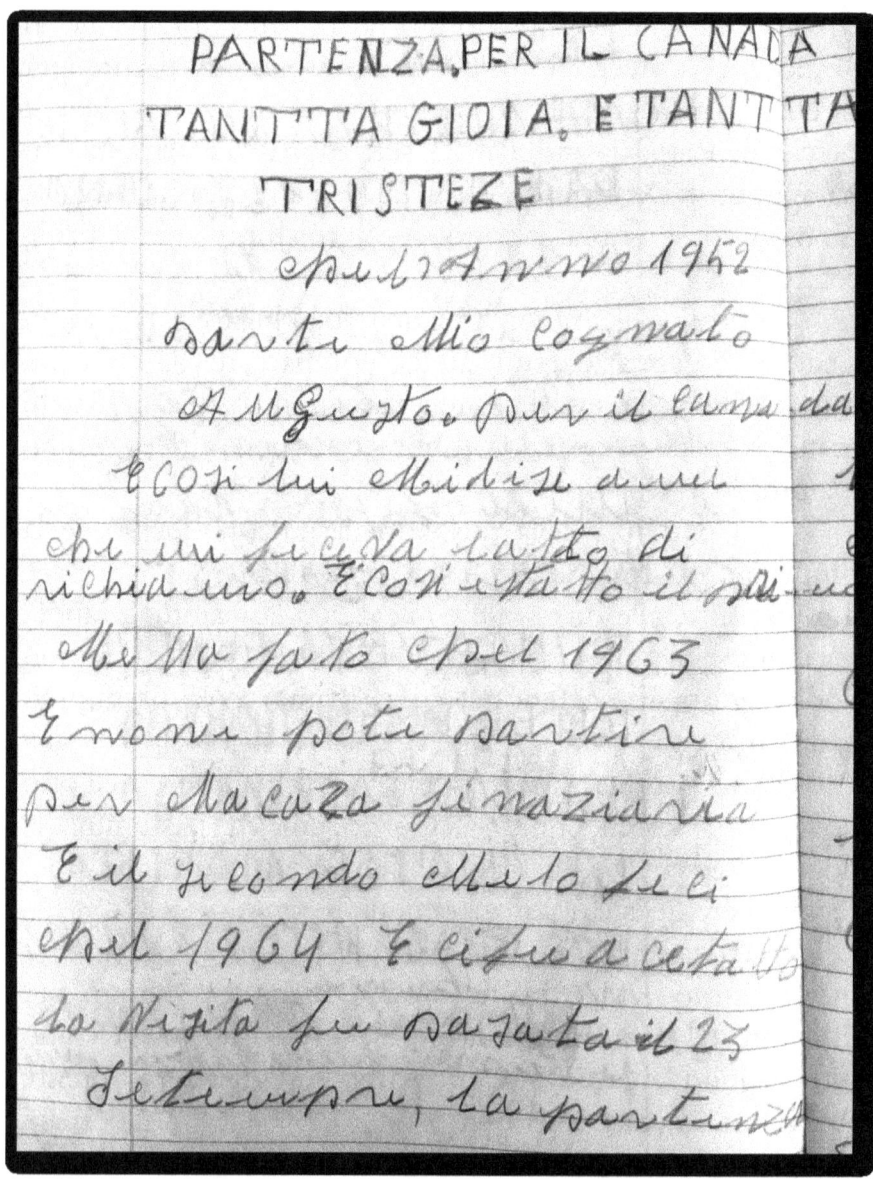

Pagina 72 del diario d'Emilio

Angelina davanti alla sua casa a Roma 1964

Foto del passaporto 20 settembre 1964
Marina, Franco, Angelina e Bruna (da sinistra)

Antonio, Sabatino, Attilio ed Emilio con i fratelli (da sinistra a destra) 1964

Lacrime e sospiri

Incominciai a lavorare il 17 novembre. Il due dicembre mi feci male ad una gamba. Stetti due mesi a spasso. Sì che mi pagarono con l'assicurazione. Ripresi il lavoro e si ammalò mio figlio Franco con l'appendicite. I miei figli erano tanto buoni ed intelligenti ma in Canada erano sempre tristi. Con il passare del tempo si fecero cattivi perché vedevano questi ragazzi canadesi ch'erano crudi e scorretti. Si e no mi andava. Ti dicevano, "Ai" o "Okei." Questo mi fece tanto male perché io li avevo educati tanto bene. Invece oggi chi si trucca o chi fuma di nascosto. Tutte queste cose mi dolevano perché mi ricordavo com'erano i tempi passati.

Da mio cognato stemmo diciotto mesi e poi visto che stavamo stretti comprai la casa per farli stare meglio. Invece fu peggio, perchè per sostenerli nelle scuole, mi toccò di stare in un lavoro triste ed indecente. Ero solo come un cane.

Questo è il racconto della mia povera ed orfana vita. Chi non crede a me non crede a Dio!

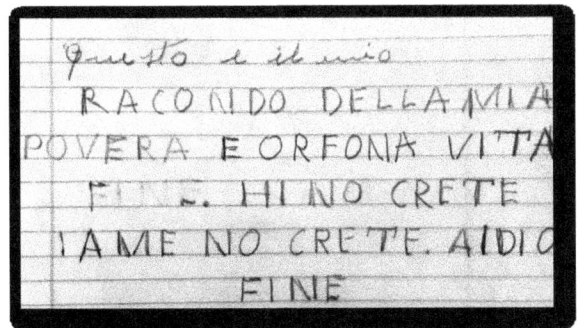

Pagina 79 del diario d'Emilio

Emilio Di Giuseppe

English Version

Notes of Bruna Di Giuseppe

It was not easy to complete this chapter of my father's life, Emilio. On December 1, 1992, my father left us with such sadness. He knew, 18 months before, he would not live to Christmas.

Knowing about his impending death, for this reason, in 1991, he brought me, my mother and my sister Marina to Italy. We partook in my cousin's wedding, knowing this would be his last trip. He had a desire to relive and recross places from his youth.

We visited family and friends in our neighbourhood. We went to our house located in the township of La Montagnola/Laurentina where we had played in our childhood and had formed many memories.

We went to my mother's birthplace. Dad did not go to his town because his sister Aunt Peppinella and his relatives lived in Rome and others in Guidonia.

We left Toronto knowing that Uncle Attilio, his brother, would not be there waiting for him as he had in the past. Though for him, the embrace of his nephews and Aunt Maria were enough to fill his heart with joy. He was very fond of his brothers but his youngest one, Attilio was his dearest.

Once he arrived in Italy, he enjoyed every minute of his beloved homeland; even if revisiting some of these places would remind him of his struggles with poverty, hunger and sadness. Despite his past, this was his homeland and where he had left his heart and love for his brothers, for his sister and for his relatives and friends.

He would often remember Franco, my brother. He was ten years old when we left for Canada. Life always brings unexpected surprises. My brother died in an accident. His death dampened my father's sense of humour and something inside him died. "A son, you don't forget easily," he would remark when we caught him in a pensive mood. After Franco's death, Dad managed to overcome what we would never have expected. Slowly, he resigned himself to life in Canada and accepted life with more serenity and pleasure. Despite all this, he regained his wicked sense of humour which is remembered by his grandchildren even today.

In the early years of our arrival in Canada, Dad could not tolerate when we spoke English among ourselves. If he heard us exchange the simplest words in English such as: hi, bye, come on, ok, stop and let's go, he became furious; for him this was intolerable. Without doubt, from the day he left Italy for Toronto where English was spoken, a language he disapproved of, he certainly had not foreseen that hearing us speak English at home would lead him to relive the horrors of war and his imprisonment in England. Every English word annoyed him and he could not avoid cursing. He had difficulty adjusting to his new life an environment with completely different principles than his.

He considered Canadians rude compared to us who behaved and showed respect. In Italy we did not live in palaces or villas, but my mother had given us a good education. Once she learned to read, in her free time while we played with our friends, she read Epoca magazines, novels and "The Advice of Aunt Betta." Even if we, as children, were at times mischievous, my father considered us well behaved in comparison to others.

Despite my father's opinion, we were influenced by the Canadian culture and mentality. This caused us to have difficulties in dealing with him. We displayed a new behaviour that he did not easily accept at the beginning.

He came to understand that the war and the sufferings he had endured both as a child and as a prisoner in England had caused him great mental distress.

During our family trip, he felt satisfied since he realized what he had been able to accomplish for himself and his family. He felt proud of his success and proud of having overcome the difficulties of life as a "poor man." He came to this realization while in his beloved country.

Together with his Angelina they had overcome discrimination, the cold and the hardships of a foreign land, all for the love and the future of their children.

Dad died in the early morning hours of December 1, the day before my birthday. During the last days of his life, he was very confused. He did not want to stay in the hospital and every now and then he would say, "Kid let's go!" "Where do you want to go Papà?" "To Rome!" he answered. Hearing those words broke our hearts.

That November, one month prior to dying, I took him for his chemotherapy appointments. One day, on our return home from the hospital, he invited me in and showed me where he kept all of his books. He advised me to take care of them and read them. At the same time, he gave me his diary. I was speechless and did not open it. He told me that he had completed it many years before, just after settling in Canada. He also explained to me that the original diary had been written in England during his World War II imprisonment. At the end of the war, when he returned to Italy, he had handed his personal belongings over to a relative. When he returned to retrieve his belongings, the diary and his belongings were lost. Too much time had passed. This was the reason why he rewrote his diary shortly after he came to Canada.

The task of interpreting the story

Quite some time after his death, one day, I opened his diary. It did not appear as writing but as letter drawings written in pencil. Then I deciphered each letter and vowel as best I could. Little by little words were formed. Eventually coherent sentences emerged with meaning and I was able to understand the first page. I attempted the second page using the same methodology as the first page. I became familiar with his style of writing and also how he shaped letters and put words together. The more I read, the more I understood what a horrible life he had lived.

Days turned into months, and years passed. I continued to write the words in a notebook in my spare time. Finally I entered the handwritten notes onto a computer. The challenge was that there were words that did not make sense but they certainly made sense to him. There were sentences written "Emilio style" that is, mostly written in Roman dialect, perhaps even in Tufarolo. There were words not found in any dictionary and cities mentioned not located on any maps. However, after countless hours of research, I was able to identify these places in North Africa.

The candour with which he narrates his sentiments moved me. Although he received no formal education, he used poetic metaphors without even realizing it. "We were thrown like the wind slams paper against walls," he wrote in his diary. What struck me most, as I reflected on his words, was the realization of how much he had suffered from being illiterate. This was a source of embarrassment for him since certain government documents identified him as such. This surprised me because he was a cultured man. He knew a great deal about history, geography, different religions and he recited Dante: "Midway upon the journey of our life I found myself within a forest dark, for the straightforward pathway had been lost ..." (Inferno: Canto I). He was also a storyteller and he told us tales of all types. In the 50's and 60's in Italy, he could not afford to take us to the movie theatre, "Er Pittochietto," every Sunday which cost only 25 lire in the church basement. Sometimes, he would come home after watching a film and describe to us the scenes. I remember "Gone with the Wind." He was enchanted by the beauty and history of this film. Many years later in Canada, that film was released on television. I already knew the plot and its ending. He wrote us Christmas letters. He read school books and novels because he liked to read.

The memories and facts spoken of are true and narrated from the point of view of my father, Emilio which are preserved in his diary. Even if the places and historical facts were verified there might be some oversights. This is a chronicle narrated and lived by my father Emilio which has no political purpose or no intention of offending anyone. This personal story is an exposé of his most intimate emotions.

His story is the story of many young men for whom poverty was a normal way of life in times of war. His trials and tribulations and the fact that he had grown up without parents had a dramatic impact on him. At times, he regretted leaving his brothers, his sister and his country behind. Despite all this, he persevered for the family's betterment.　　　　　　　　　　　　　Bruna Di Giuseppe

Diary of a Tufarolo

> **come: ABANDONO DI CASA.**
> **PATERNA. E SCIOCLIMENPO**
> **FRATERNO**
>
> Che 1 10 Danno 1926, ci porto
> ai castelli romani in un
> paese chiamato Marino,
> tutto annava bene, finque
> abo la mia mamma ciarte
> na, ancora i soldi di mio patre
> finiti quelli di gastro t.
> Soldi, tutto incomicia a un
> matte, che 1 Ottobre del
> 1928) cia bandono 30 Mi
> di cendo a mia matre e cia
> nesi a bandonati, e a loro
> cio siamo ridinati a roma
> da uno in pette, zio fratello
> di ellio patre, ci siamo sta
> ti quasi un o'myero e po
> siamo ripartiti por, ruspe
> come a nervo, ne a mici
> ne, compagni, comiciamo
> a sendire la mancaza du ll
> ellio caro patre, mamma
> sslo napou ciò in casa ere
> suda che cia intava a tira
> re a dormi in ve u penza
> pu lui, e noi ti sofrida
> fame e fredo nenti e

Page 2 of Emilio's Diary

Diary of a Tufarolo

I, Emilio Di Giuseppe was born September 14, 1919 in Tufo, a small village lost among the mountains of Abbruzzi, a little bigger than Carsoli in the province of Aquila. I don't remember my childhood well, but I do recall in 1924 that my father died and left me, my mother, my other three brothers and sister in pure tribulation. My oldest sibling was thirteen years old. Two years after my father's death, one evening, I don't recollect the exact day; a man appeared at our doorstep claiming to be our second father. Our mother was incapable of directing us by herself. For us, it was a very sad day. This man had a reputation of being bone idle by the village folk.

Entrance to Emilio's birthplace

Brotherly Break-up

In the distant 1926, at age seven, we went to live at the Castelli Romani in the town of Marino. Everything was proceeding well until we ran out of the money my father had left us. Penniless, disaster struck. Everything went sour. In October of 1928, the man who had been our stepfather abandoned us. We were forced to return to Rome to stay with one of my father's disloyal brothers for one year and then we returned to Tufo.

Since I had no friends, I felt a deep longing for my dear father. My mother reconnected with the man who had originally deserted us in the hope of supporting us. However, he thought only for himself. We suffered famine and cold since we had little clothes.

Childhood Sacrifices

At age ten, I realized I was illiterate. I lived in extreme poverty. My mother was distressed by the fact that my brothers and I were clothed in tattered rags and walked barefoot.

One day, my mother's brother asked her if she wanted to send me as a servant to the farmhouse "of the Orient" owned by the Davide family. I went reluctantly. I was doing well there but felt lonely since I missed my family. This family originally treated me fine but soon became tired of dealing with my childhood issues. They transferred me to another brother of theirs.

I remember my troubled days. They assigned me to take care of ten cows and I felt like an abandoned orphan. The family had four children. The most humane was Nazzareno since he gave me his leftover bread. The oldest one, Luigi was married and had one daughter. After spending a whole day working with the cows, I was given the task of rocking his daughter to sleep.

One day, after two years of working as a servant, I developed an infection in both of my legs and was kept in isolation, eating alone like a dog. They assigned me one plate and one drinking glass to avoid spreading the infection. Then, with my pure meagre capacity, I managed to escape and found myself another employer. After two days, my uncle, came to take me back stating he had a certain responsibility to take care of me. People looked down on me because in three years no one took care of me. Once again, feeling like an abandoned orphan, I became melancholic with the passing of days. Everyone either played pranks on me or teased me since I had no one to protect me.

After three years, one evening returning from the mountains they told me my mother had come to visit me. I was overjoyed with emotion to see my mother. She caressed my gaunt cheeks! Sadly, I was not allowed to speak to her.

In 1931, at almost twelve, I taught myself to write my name on walls. I asked permission to go to school but my request was denied. Although, I lacked basic education, I felt I was intelligent so I went to a convent and asked them to take me in as a friar. The reply was negative. I passed the days in sadness and in hunger. I begged for bread. I went naked and barefoot tending cows. When the cows caused damage, which was often, they blamed me and I was hit.

I was known as "the doomed." I was thirteen when I developed an eye infection. No one had medicine for a poor abandoned child except for an old compassionate lady. She advised me to wash my eyes with lime water. It cured my sickness but later I developed urinary cramps.

My youth consisted of so much crying and lamenting. Come summer or winter, I was forced to sleep in the stable. I was always hungry so I resorted to stealing bread. In the summer, I stole potatoes and corn from the fields.

One day in May of 1932, I decided to leave my job tending cows and ran away. I lacked any sense of direction but somehow made it to the nearby town of Tagliacozzo. I then asked a passerby for the road that led to Tufo. During my journey, I came upon a man transporting a calf.

"Where are you going young boy?" he asked.

"I am headed for Tufo."

"Who are you?"

"I am a poor boy and have worked as a servant for a long time away from home."

"Can you assist me with my calf to Sante Marie?" the old man asked.

"Yes," I promptly replied.

That evening we made it into town and he gave me two lire. He handed me over to a lady who offered me accommodations with loving care. In the morning, she entrusted me to some villagers who were woodcutters and they accompanied me to Pietrasecca. From there, I walked to Tufo, arriving at night.

"Giovanna, Emilio has arrived!" the townsfolk yelled out.

"Why did you come back?" were the only words uttered by my mother.

I was crushed by her harsh words. In less than a week, I was promptly sent away from home to work as a servant in Tufo from 1932 to 1934. From 1935 to 1936, I found a job in Riofreddo and from 1937 to 1938, I worked in another nearby town, Tivoli.

Towards the end of 1938, I decided to return to my hometown of Tufo. Sadly, I discovered that my mother had fallen ill. This was a sorrowful time and countless tears were shed. My sick mother was distraught that she could no longer help her children. She had no money and was admitted to a local hospital. My siblings and I were reluctantly forced to leave her alone in the hospital. We had to earn some money, sowing wheat in Tivoli near Rome.

A few months later, in 1939, we returned home to the shocking news that my mother had died three days earlier. I shed bitter tears. I was now a "real" orphan.

In the meantime, one of my brothers had married and another one had enlisted in the army. In the hope of getting something to eat, I had become a slave to everyone. We were thrown around like the wind slaps paper against walls. After all this pain and suffering like whipped puppies we accepted our destiny as orphans. Once in a while, I ran into my stepfather. He asked how I was doing and thankfully gave me some spare money. He wasn't a bad person after all.

I contemplated living in the big city of Rome but this was not possible at the time. I was forced to return to my hometown Tufo. My uncles took me with them to work as a woodcutter. I did not like the arduous labour so I ran away and hid in shepherds' huts. I ate grass and fruit to survive but managed to find my way back to Rome by foot and alone.

Pasture where Emilio tended the cows

Called to the Army

On December 4, 1939, at age twenty, six months after the death of my mother, while in Rome, I enlisted in the army. I was assigned to the 91st Infantry Division Regiment. Once again, I was unlucky. I was originally assigned to the 10th Bersaglieri Regiment at Palermo, Sicily. Instead, I ended up at Fano in the Marche where I spent five months as an army recruit.

With the passing of days, I felt sad since my friends received mail but I did not. I messed around with friends who also comforted me with advice. In conclusion, I was well and ate and was well liked but I really missed maternal comfort. One friend made fun of me saying, "Di Giuseppe must be an orphan since he receives no mail!" Since I was illiterate, I relied on others to assist me with my writing. Then one day, I got tired of this and bought a pen and inkwell and taught myself how to write. Slowly but surely I succeeded. I wrote my first letter to a girl named Santina I declared my love for her and she accepted.

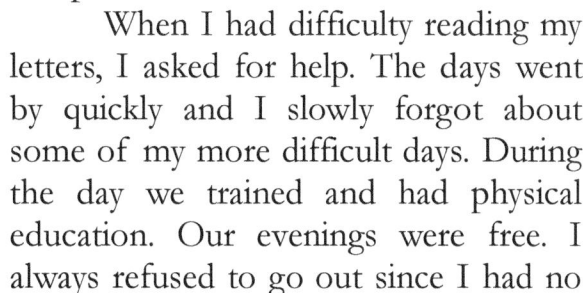

When I had difficulty reading my letters, I asked for help. The days went by quickly and I slowly forgot about some of my more difficult days. During the day we trained and had physical education. Our evenings were free. I always refused to go out since I had no money. I was paid less than a lira a day and life was not pleasant. After three months, they increased my pay to one full lira a day. The officials said we were "lords."

Deployment to Africa

On April 20, 1940, we were given injections and were vaccinated. The commanders informed us that we were leaving for Yugoslavia, but instead their plans were to send us far away to the battlefields in North Africa. One night in May, we left Fano for Fossombrone. We walked all night and all day. Then from Fossombrone we departed once again for Urbino which we reached by night. I was doing well there. Every evening we went to the mountains to experiment with war tactics. I had made some friends and we went out in the evenings. One evening our captain showed up with a list in hand calling out almost all of our names. On the evening of May 26, 1940, we prepared for our departure from Urbino which happened the following morning. They told us we were headed for Trieste; instead we arrived in Senigallia in the Marche region. My new friends Vincenzo and Valentino left with me as well. We were stationed at Senigallia for eight days, where three thousand soldiers gathered. With every passing day, our worries increased as we thought of the battlefield. They supplied us with all the gear for battle in Africa: shoes, uniform, canteen, helmet, glasses and various supplies. The first battalion left May 29. I left with the third one.

On June 4, 1940, we took the train for Naples. Once we arrived there, we set sail on the ship "Giulio Cesare." After two nights and two days of sailing, we disembarked at Tripoli, Libya. From here, we were transported on a train destined for Janzur. We travelled along the Tripoli-Tunisia line and once we arrived there we were given our war uniforms. We spent entire days following war instructions until June 10 when we heard via radio that our government had declared war on France and England.

My regiment was the frontier guard of the thirty-third section of coverage, a second military stronghold. We were the first ones to reach the line with the French. For the first time, we crossed the desert and reached the Ifrene mountains. There we were placed at the frontline of the battlefield. We were overjoyed when we finally arrived at our destination.

Emilio (right) with army comrade

Emilio Di Giuseppe

My Life in War Times

With the first battles against the French, we withstood heavy cannon fire that killed many of our comrades. There was much suffering and sacrifice. We continued on our journey forward without food and water. After ten days of bitter combat we ambushed the village of Madimat, situated 200 kilometres from Tunisia. After a month-long battle, the French troops surrendered. We were elated that we had achieved our first victory.

There was a rumour that the war was over, since even in Egypt our troops were moving forward and doing well. Meanwhile, all the military units of my regiment were sent to rest. My unit, as an occupying troop, remained for six months in the region. I felt unlucky in this situation also. I found myself on a mountain when a friend informed me we had to leave again to defend Tripoli. Sadly, I had to leave behind wounded French prisoners that I had assisted and had become friends of mine.

In 1940, we finally arrived in Tripoli, but the tenth army corps commanders decided to send us on to Cyrenaica, Libya. Meanwhile, the first and second section remained in Tripoli. Since I was part of the thirty-third section, we were sent twenty kilometres away to a desert area near Zawiya. There we assembled as night guards and for combat. If I had any free time, I would read or write. I behaved well and was liked by others.

One day, I was called in by the sergeant and questioned as to whether I knew how to read and write. I replied, "Yes, I do." Even though my documents stated otherwise. He brought me to the commanding officer where I was promoted to corporal. All my friends teased me saying, "Oh, Corporal!"

As assistant leader of my team, the days passed just the same. After six months, I was promoted to head corporal and was assigned my own troops. As such, my friends respected me even more. While in the desert, one sad day my team and I were summoned and dispatched once again to Tripoli for low level defense.

Every night there were bombardments in Tripoli. They then sent us to Suk-el-Giuma near the port. After two months, they recalled us to dig ditches for anti-tank defense. One thing I do remember vividly is that I spent Christmas 1940 working. I had a military style tin for cooking. The days went by sadly as I had developed a long-distance relationship with a girl named Tina. I continued to write to her for four years. I also had a war godmother named Mafalda. It appeared that all was proceeding well with the war. Our forces stationed in Egypt had occupied Mersa Matruh. We, along with our superiors were happy with this outcome and they treated us well.

Emilio (centre) with other soldiers in Bardia

A Terrible Year

It was now the winter of 1941 and the January rains had finally subsided. Later that spring, the captain told us that our troops would have to retreat since a thousand kilometres away, the enemy troops had surrounded Bardia at the battle of Tobruk. On April 21, Tripoli was bombarded and the ship "San Giorgio" was blown up. There were five thousand dead. I lost quite a few comrades.

After this horrible retreat, our forces withdrew to Ajdabiya. There we formed a line of defense. I knew my brother Sabatino was in Benghazi. I had received no correspondence from him and I was worried. Then one day I received a letter that informed me he was actually in Tripoli. I asked for permission to visit him but it was denied. I never gave up; instead I pleaded with the colonel and obtained his permission. I proceeded to find him. It had been two years since we had seen each other. It was a beautiful encounter, and he was so happy to see me in my uniform as head corporal. I went to visit him four more times However, on the fourth visit, I could not find him and became worried. I was relieved when I received a letter from him informing me he had left for the front line.

Germany Invades Libya

It was spring when we saw the first Germans in Libya. Our division had captured Benghazi and we made it to Tobruk. We remained there for one year until the arrival of the Germans. The Germans proudly stated it would take them less than a year to put an end to the war in Africa. Meanwhile when they found themselves in the desert, they retracted their comments saying Libya was not amenable to them.

Emilio (left) with comrades at well in Libya

Emilio Di Giuseppe

Advancement from Agedabia to El Alamein

March 10, 1942 our armoured motorcycles attacked the enemy forces. On May 20, for the first time, we crossed the desert of Sirte. The distance from Tripoli to Benghazi was approximately 1100 kilometres. We rejoined the line June 6 before the surrender of Tobruk. We were sent to Marada, deep into the desert of Marmarica. The days and nights were tough. We were famished, thirsty and full of lice. My dear friends were dying left, right and centre. After three months of this life we had some rest.

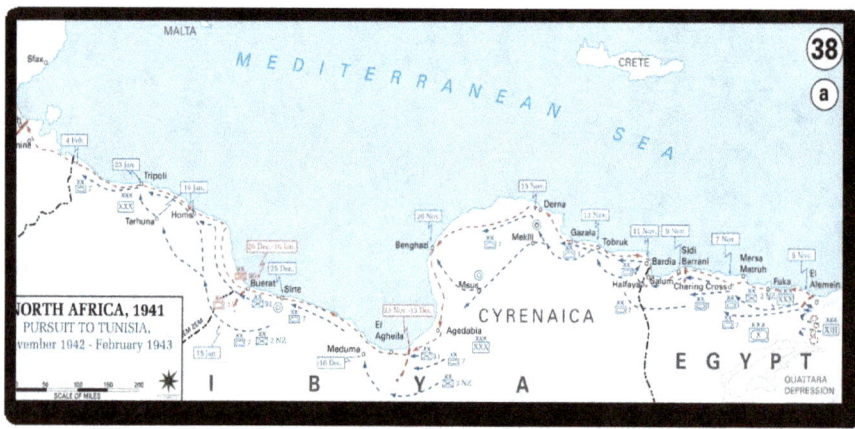

North Africa 1941

From Head Corporal to Soldier and from Driver to Walker

They brought us to Ajdabiya, 150 kilometres from Benghazi. Since I knew my brother Sabatino would be there, I asked Fiore a perfidious lieutenant for permission to leave, but he denied my request. I asked him why he had refused my request, and he said that we had to depart for the line and this type of request was processed using the hierarchical system. Then, I asked all my superiors and they too refused. My friend Vizari also made the same request and it too was declined.

One Sunday morning since I was head battalion, I decided to abandon everything right off the bat. I escaped with my friend Vizari and took the military mail. We reached Benghazi at night and searched for our brothers. Unfortunately, they had both left the night before and we were forced to go back; however, it took us three days since transportation was scarce.

The captain had already denounced me as a deserter for abandoning everything. My friends told me I had been denounced by the military tribunal. But since I had asked permission for a leave, and had not left abusively, I could not possibly be declared a deserter. They brought me to prison, and put me in a cell. I asked to communicate with a colonel and hired a lawyer. Although I was captain of the third military unit, on the morning of July 10, 1942, I was demoted by General Emilio Becuzi while I awaited trial. I did not leave with my military unit.

After a while, we left for the line that evening. They sent me to join my military unit which was stationed in the Marmarica zone. We took part in a battle against enemy jeeps taking several soldiers as prisoners. When I returned to the regiment, it appeared they intended to reduce my punishment, but instead they sent me back to the Marmarico desert where I sometimes received two litres of water with added salt. Sometimes there was salt and other times there was no salt in the water.

Upon my return from the arid scorching desert, we found out that one of our squad had died from thirst two days prior. My comrades from my platoon were good people which included: Raffaele Coppola, Livio Persica, Angelo Copetto, Head Corporal Pino Lupi, Vincenzo D'Innocenzi and many others.

Departure for Egypt

We left Barce on August 20, 1942 and passed through Derna, Tobruk, Libya, Sollum, South Africa, Bardia, Siti Berrani, Mersa Matruh, and El Baba.

As soon as I arrived at my destination, I was assigned six British prisoners to guard, but there was a language barrier so we did not understand each other. One day one of them became ill but nobody believed him, so I gave him what he needed to get better. I bought him lemons and made him lemonade. My enemy became my friend. When he left for the concentration camp at Benghazi, I gave him 100 lire so he could buy what he needed. Since that day, I never saw him again.

At ten o'clock, on the evening of September 15, the commander announced that more British troops had disembarked at Mersa Matruh, Egypt. So our position was changed. On the morning of September 16 we endured six hours of air and sea bombardment. When we saw the first zatteroni enemy tanks approach us, we opened fire. They screamed and one by one were thrown into the water. The ones who remained standing were made prisoners. This was the largest British loss.

On October 10, I injured one of my legs and I was brought to the Derna hospital where I was put in the wounded division. I asked a Red Cross nurse, Maria Coratini from Milan for a favour. She helped me to be repatriated. But unfortunately, I fell in love with her and courted her. She loved me as well. The wounded and injured could not form friendships with hospital personnel. The military commission acknowledged me as injured and put me on the list to be sent back via the next hospital ship.

One day a malicious department head, a nun, found me alone with Maria. I lashed out at this nun with inflammatory words saying she was disowned by her mother and father. As punishment, the nun had me enlisted back into service.

The hour of the British attack was on November 6. On November 10, I had just arrived when all the enemy forces attacked us.

Prisoner of war compound, January 2 1942

From Alessandria to Tunisia

During this 3,000 kilometre retreat, our forces resisted for eight consecutive nights and days before withdrawing. The superior American and British forces attacked us by sea, air and land. In this terrible attack, the Italian forces resisted but it was the German division who surrendered first. Then the enemy forces penetrated our lines. We received orders from the chief to continue to resist but it was short-lived because we were soon captured.

We were defeated and forced to proceed all the way to Sidi Barrani, Egypt where our regiment was disbanded. We were all reunited at Misurata, and on November 24, 1942, we were reorganized and we departed for Gariam. I saw Tripoli for the last time. As a group of abandoned troops, we boarded the train at Tripoli and arrived at Gariam station.

At four in the afternoon we began our ascent to the mountains which we reached the following morning. Since we walked all night long, we were tired and famished. After three days we received orders to assemble a line of defense against the Americans who were moving forward to attack us in the desert.

After two days and nights we were forced to abandon Gariam and to withdraw towards Tunisia. We went by Nalut and Matameur and we set up a line of resistance at Mareth. We passed the zone where we had fought two years prior. Our forces were exhausted and the enemy attacked us from all sides.

There were Americans, Moroccans, French, the eighth British army and an unknown military legion. Our line of defense did not hold when the Americans attacked us from the rear. Our division was almost completely decimated and many of us were taken prisoner. Our sacrifices in the scorching sand were useless. It was a solemn day in February of 1943, when our commander gave us orders to withdraw. For three days and nights we walked under artillery attack and arrived near the town of Alam.

On the evening of February 20, we took shelter. We were extremely tired but the lieutenant gave me orders to remain on guard. I thought I would not make it through the night since I was so exhausted. I fell asleep while on guard and then was awakened by a strange voice. The voice called me twice. The third time, it forced me to wake up. In that moment, I saw several Moroccan soldiers approach me.

I awakened the others and escaped with two grenades. This was our last action because on the following evening we withdrew and walked by foot with all our supplies. We descended the hill that led to the plains of El Alamein.

We walked with our soul in our throats. It was the second day without water. On the evening of the third day, February 26, we arrived at a well with water and quenched our thirst. The enemy arrived and took us prisoners. We were exhausted and could not defend ourselves since we were all disarmed.

Martyrdom and Imprisonment

After we were taken away I managed to escape together with my companions Vito Lupone, Valone and Maccini. We walked all night long, but because of the darkness we took the wrong road. Before leaving this road, Vito gave up, and so we carried him on our shoulders. He requested that we dig a hole and bury him. We dug the hole, kissed him goodbye and put him in the hole while still alive. He left us with a photo and the address of his mother.

When we awoke on the morning of February 27, we heard the Americans shooting at us. We raised our hands to surrender and told them we had left one soldier behind. Thankfully, we went back to pick up Vito and caught up with the rest of our comrades. From there, everyone went to their own destiny as prisoners.

Departure for New Camps

On March 4, 1943, we departed for Bone, Algeria where the Americans were stationed. From there we continued on and arrived in Constantine, Algeria on March 20, 1943, where French troops had assembled. On March 28, 1943, we were back in El Alamein on the coast of Egypt where we encountered Moroccan and Arab troops. Finally, we left on April 10, 1943, for Algiers, Algeria where we found our English friends.

Camps of Northern Africa

From Bone to Constantine it took eight days by foot. From Emado, Algiers it took us three days by train. Holy Saturday, the morning of April 25, 1943, we embarked on the ship "Principe d'India" for a new destination. From Northern Africa, we continued on our voyage to South Africa passing through the Suez Canal and the Port of Djibouti. From Algiers to Pretoria the voyage was twenty days long and I was given the second cabin on the third block of the ship. During this long crossing, I suffered famine, sea sickness and lice. The ship was filthy and unsanitary. We finally disembarked somewhere on the coast of South Africa. From there we travelled overland to Pretoria where we were stationed in prison camps.

Life in the camps was either among friends or among enemies. We played deaf and dumb. One would hit you because of your religion or because you were fascist. Some had gone crazy and others became obsessed. We could not speak. After one month in the prison camp and because of my suffering and famine, my eyesight had diminished. We were given three cobs of corn and one slice of bread per day. Some friend tried to help me with his only lira which was given to us as a tip.

After three months in South Africa. I put in an application to be transferred and my request was accepted. They initially wanted to transfer me to a camp in India but I refused. Thankfully, after one week I was called into the governing office and was told I would soon leave for England. After enduring three months of this tormented life, on June 30, 1943, I left the camp travelling from Pretoria to Cape Town, South Africa. It took four days and three nights to reach the port and embark on the ship "Regina Maria."

From July 4 onward, we spent three months on this ship and most of that time was unpleasant. After two sailing days, we were attacked by the Japanese near New Zealand. We were shut in the cargo area with other prisoners. The guards who accompanied us were armed with machine guns. When we arrived, they had to escort me since I could not see. During this deadly crossing, on July 25, everyone heard of Mussolini's arrest. However, we were kept in the dark of all news. We finally arrived in England September 6, 1943, and disembarked in Liverpool. Our first camp, Number Seven was in London. Upon our arrival, we found out that the Italian government had surrendered.

We washed up and were vaccinated. The Red Cross assisted as well, and we were reorganized and sent to work the fields. I was assigned to Camp Nine. It was a sorting camp where I remained for two months. After that, I was sent to Camp 114 in Westbury.

We spent quite some time in Oxford. With the arrival of other prisoners, I became close friends with Alberto Massaroti. As we spent our days in the camps, it was disheartening to watch all those young twenty-year-olds deprived of everything. I received no mail for three years and I was not allowed to communicate with anyone. Others were allowed to write letters, but our head commander forbade it. Some were allowed to write one letter a month.

It was tough not receiving communication from my family. My brothers asked the Red Cross for my whereabouts. After two years, they found out I was a prisoner of war. We were a group of fifty prisoners separated from our families but we stuck together. We worked in the camps and warehouses. I worked with machines unloading coal, and then I went to work in furnaces burning garbage for eight hours a day.

Nun lends Emilio books in Cape Town

First Christmas Incarcerated

My first Christmas in prison was depressing, but especially more so for my comrades who had left behind wives, children, mothers, fathers and sisters. With eyes welled with tears, we contemplated the sad fate of Italy, our homeland, that had endured invasions from many enemies over the years. Hearing news about all these disasters, our morale hit rock bottom. When the English asked us something, we would respond, "Long live Italy, and long live the Duce." They were angry when they heard these words.

This was our life. Upon returning from work in the evening, we were subjected to roll call. Come morning we undertook odd jobs. Some made small machines to light up cigarettes or razor blades, while others sang or cooked. I became a tailor hemming pants and was able to earn half a pound per pair.

Emilio (left) with comrade in England

The Year 1944

For me 1944 was very sad since I spent the entire year as a prisoner and was transferred several times. From burning garbage, I was assigned to work in a hospital cleaning with some friends. A sentinel sent me to clean in a room full of female soldiers from the A.T.S. (Auxilary Territorial Service). I had to clean the corridor as well and they all made fun of me. As I worked on the top floor, they threw a pail of water down the stairs and I was assigned the blame. Fortunately, I was not punished for this incident since they knew this was not work for me. I was left behind to start up furnaces. During my hospital days, I surprised myself since I fell in love with an English female soldier. One day a tough English sergeant caught me with her, and as punishment, I was sent to the coal mines in Scotland.

I was transferred to a mine thirty kilometres outside of Glasgow. My duty was to redistribute filled carts with coal out of the mine. There were women here as well and one of them could not stand me. I asked the head supervisor to be switched elsewhere. One lady did not want to switch places with me, but asked if I had a wife. She told me she loved me and gave me money and cigarettes daily. After my punishment was over, I returned to the camp where my friends were waiting for me.

Returning from work one day, I was called into the office and an interpreter asked me if I had a girlfriend. I firmly replied, "No." They showed me the love letters and for punishment I was put on bread and water ration for fourteen days. I spent part of Christmas 1944, abandoned in a stable deprived of light and comfort.

But later that Christmas Day, the head commander

decided to take me out and had me join the others in my troop. I told him it was not possible and I described to him that the prison was dirty and disreputable. Initially, I had been allowed only one hour of freedom per day. After a while, the commander took pity and allowed me longer outings with my comrades. He eventually cancelled the remaining days of my punishment.

September 1945

The year 1945 was not so bad, although I was often separated from my friends. We frequently changed camps. One of my dearest friends died and we were asked by the English officers to cooperate with the other prisoners in our prison camp. I was the first to say, "No." Other friends refused as well and we were sent to the fascist military unit camp, Pioneer Corpus 350.

Even so, the English loved us since they thought of us as real Italians. As such, we continued our work that we had started before. We were moved to a camp in the town of Marlborough. This camp was near Burford and Birmingham which was a big city. I worked in a workshop repairing train locomotives. I was doing well there.

Everything always happened to me. One day they sent me to meet a crane operator so I could try out the machine, but he could not stand Italians. He uttered, "Bastard." I retaliated in anger and hit him with a pole. I was sent away for punishment.

One day in mid-September, I found myself at an intersection, where I met a soldier who asked me if I had been to Africa. I replied, "Yes." He asked me if I recognized him but I replied, "No." He wanted my name and camp number where I was prisoner. The following Sunday, I was called into the office by the interpreter. He asked me if I knew any English soldier. At this point, I was introduced to the soldier I had seen at the intersection with his family. In the presence of my commander, I was honoured for having saved this soldier's life in Libya. He wanted me to spend two days with his family.

Repatriation and Sacrilege

We were so happy since we thought we would be repatriated by the end of 1945. Instead, we were told that repatriation was closed for the year. We were so disappointed, that we gathered all the photos of saints, put them in a stove and burned them.

My dorm was in barrack number 34. Sunday morning, a priest and two guards arrived to bless the barracks. The priest told us we were atheists for what we had done and asked us to confess. The first to confess was Candini, then I, and all the others. On Christmas day of 1945, we went to confession again but this time the priest sent us away.

Our Liberation 1946

The following year, 1946, our liberation filled us with both joy and sadness. We had to endure another seven months until our repatriation. In August, the oldest ones were the first to be repatriated. I continued to work in Oxford until August 28 when I was repatriated and plans were made to send me to Italy.

On September 4, we left the camp and were taken to the port near Bristol. There we were subjected to inspection. They took away all of our belongings, my two gold rings, cigarettes and other things. After eight days we took the train directly to London. From there, we embarked on the French ship, "Cartacivia," which took us from London to Naples.

The voyage was nine days long. On the morning of September 24, we were liberated and taken to Posillipo, a sorting camp. There we said goodbye to our fellow soldiers, and in the evening we travelled by train to Rome. We arrived September 25, at the Rome railway and were accosted by partisans who had been waiting for us. We shooed them away and were sent to the barrack Bianchini alla Batteria Nomentana. There they gave us a two-month leave from the army. I searched for my brothers. I eventually found one in Rome, one in Tufo and another in Tivoli.

At first I wandered around Rome like an unwelcome tourist. I knew I could not remain there and returned to the house I had once left only to find a heap of ruins. I asked an old acquaintance about my oldest brother and he said he was at Garbatella. Asking around, I finally found him. I was elated to have found him and I also recognized my sister-in-law Vittoria. They had two little ones Anna and Sergio.

Sergio died one month after my arrival and Anna was in the hospital. I understood they had debts. My brother was unemployed. He was a labourer tending benches for fruit vendors. After a two-month leave, the army discharged me with twenty thousand lire. I asked my brother if I could stay with them, but soon understood they were in grave financial conditions. Soldiers returning from the war faced major unemployment. As a veteran, everyone would promise me work, but no one would ever call me back. My money soon ran out since I had given half of it to help out my brother. I finally found myself odd jobs as a labourer even though I was not suited for this type of work.

Solitary Life

After having helped in paying their debts, I was the target of slander against my sister-in-law and her Sicilian relatives. I then left and joined a gang known as "Sciangai." In the evenings, after collecting iron, they returned to their homes, and I went to the rail station to sleep in an old coach. I led this life for over a year.

My brother found me there and brought me back to his place. I worked as a gardener for Cerione but I was always considered a low-life. To Vittoria money was never enough. After my return from the war, I attempted to find my four brothers. I managed to have my brother Attilio come back to live with us since he had argued with my sister-in-law. After having assisted in clearing her debts, she once again started to be a pest. Since we were not giving her any more money, she promised us the world.

I looked for a soul mate. I found several, but I could not find an ideal one. In September of 1948, on a Sunday in San Giovanni, I was introduced to a girl named Angelina. Some time went by and we eventually got to know each other better. I introduced her to my relatives. Things were proceeding well, but then there was a period of martyrdom between the two of us. My place was not mine and not even my bed was mine. I did not know where to lay my head. This went on for three years. I got tired of the situation, and I finally decided to marry Angelina on February 4, 1951.

Married Life

I married Angelina at San Francesco Saverio Church at five o'clock in the morning. We were like two orphans. At lunch, my sister-in-law Vittoria pretended to be ill. To give us more grief, she told us she would arrange a get-together the following Sunday. I then invited my wife's relatives, brothers and father. It was all in vain. This time her excuse was that she had a toothache. These unpleasant memories I preserve in my memory for life. I, as well as my wife, do not have good memories of this but together we had happiness, unlike most of our acquaintances.

San Francesco Saverio Church

My Best Years

In the beginning, it was difficult for my wife and I, since we found it challenging to relate and understand each other. There were sad days, especially when my sister-in-law Vittoria meddled. After a month she sent us away and we found a cold and bare room with an old lady named Filomena who lived on Via Cristoforo Colombo. We were deprived of everything since I earned very little.

Sacrifice upon sacrifice, when Saturday came, I was embarrassed to bring home to my wife a meagre three thousand lire. We struggled along with a lot of pain. The first big item we purchased was our bed. Slowly, but surely we purchased other necessities. We were finally doing better than the other townsfolk.

My wife had three brothers: Augusto, Mario and Antonio. They were all hard workers and had their own families. My father-in-law Anacleto and my mother-in-law Maria were simple farmers and were respectful towards other people. When I went to visit my wife's birthplace, Villa Santo Stefano in Frosinone, everyone loved me. Although she lived in Prossedi in the province of Latina.

After almost a year of hard work, my wife Angelina gave birth to a baby girl we named Bruna. She was really beautiful. I cried with joy. We were so happy to see our angel. I busied myself with work. Since my pay was little, I found additional work repairing shoes in the hope of providing all the necessities for my Bruna. I never got tired. I was attentive towards the needs of my family. Soon I purchased a pre-fabricated house. Things were improving.

It saddened me to see how my angel suffered the consequences that my wife had to work as well. With her help, I constructed another house and we made progress. I sang every day. Then one day my wife told me she was expecting again. On February 7, 1954, my wife gave birth to a son we named Franco.

Now I had two little angels. I changed employment and went to work on construction sites as a manual labourer. I earned good money. When I returned from work, I layed bricks for my own house with my wife's help also.

With the help of God, my dear family was doing well. We had a vegetable garden and hens. We were envied by all. For the first time, in 1956, we saw snow in the Rome region. It was an unfortunate year since with the cold, I was laid off and my wife announced her third pregnancy. Marina was born. She was a marvellous child, always sly, lively and mischievous.

Even 1956 was an unfortunate year since I was unemployed and also sick with sciatica of the right leg. It took more than forty days to get back on my feet. Can you imagine the suffering! My wife worked with three small children. There was no cure available. One day they took me and my wife to Fate Bene Fratelli Hospital where there were friars that knew how to cure this type of ailment. They drew blood from my heel and immediately I was able to walk. It was a real miracle!

I had no money. I worried how my darlings had suffered. But they were always taken care of. Neither my relatives nor friends showed their faces. Only my father-in-law and Mario, my brother-in-law came to Rome and brought what they could for us. My brother-in-law sent me fifty dollars from Canada. I was unemployed for seven months. Bruna and Franco were well looked after and went to kindergarten neatly dressed. They grew as beautiful flowers.

1951 Wedding Portrait of Emilio and Angelina

Emilio Di Giuseppe

My Mother-in-Law in Rome

I regained employment in March of 1957, with the company Puccini in Monte Mario. I had just started working when one day I received a phone call at work that I was to return home immediately. We left for Santo Stefano and found my father-in-law paralyzed. This calamity was sad since Anacleto loved me so much. After one week, he was called to eternal life. With the passing of time, his death faded in our memories and we returned to normal living. Two months later, my mother-in-law came to live with us in Rome.

She was my joy and a big help to our family. It was my pleasure to call her "mother." My mother-in-law enjoyed her time with her grandchildren. My wife, Angelina, was happy to see her that way. I did various jobs and worked for: C.G.F.E.U.R, Puccini Monte Sacro, Pacifici Monte Sacro and Lenzano Carlo Prima Valle. From 1957 to 1964 life was good. I learned carpentry and especially how to use an awl. I began to earn good wages.

My three children all went to school. Bruna completed elementary school. Franco was in fourth grade and Marina was in third grade. They were progressing well. Especially Franco, who gave me a lot of satisfaction.

My mother-in-law in Rome with Bruna on Hallowe'en Day

Departure for Canada

In 1952, my brother-in-law Augusto left for Canada. He told me he would sponsor me once he was settled. My first sponsorship was arranged in 1963, but it was denied due to insufficient funds. The second one was reassessed in 1964, and it was accepted by Canada. I received medical clearance September 23, and my departure was scheduled for October 30. It was a big expense for all of us. I had to pay for certificates, chest x-rays and vaccinations.

I was happy and others said, "Lucky you, you are going to Canada!" I left behind parents, friends, and godparents. My heart ached when I was forced to leave my mother-in-law. She was sad and cried with my last words, "Goodbye Mother."

My family back home still cries over my departure. We boarded the ship "La Saturnia" at 11 a.m., October 30 from Naples. At noon, we left the port. Our itinerary was Naples, Gibraltar, Lisbon and our final stop was Halifax. It took us twelve days. During these days Bruna and I suffered the most.

We landed at Halifax the morning of November 8. We took our documents, went through customs, and at four o'clock in the afternoon we left Halifax by train. We arrived in Montreal the following day at noon. At four in the afternoon we left for the painful city of Toronto, arriving at eleven in the evening. Both my brothers-in-law greeted us at the station. We were all very happy. They took us to their home and we were warmly welcomed. I had one week free to think things over. Then I went to the employment office where I was sent to work the following day.

Cries and Sighs

I started work November 17 and on December 21 injured my leg. I was off for two months. Thankfully, in Canada I was able to receive unemployment insurance. I resumed work, but my son Franco fell ill with appendicitis.

My children were intelligent and behaved well, but were always meloncholy as they thought about their homeland in Italy. With the passing of time, they learned bad habits from the Canadian children which I considered to be rough and rude. They barely saluted me with a "Hi" or "okay." This hurt me a lot since I taught them well. Meanwhile, nowadays they put on makeup at a young age and smoke secretly. All this bothered me since I remember all my cultural ideologies.

We lived with my brother-in-law for eighteen months. It was quite overcrowded there, so I bought a house. With the purchase of the home, things were worse for me since I had to take on tough and indecent jobs to sustain my children in school. I worked alone like a dog.

***This is the story of my poor orphan life.
Whoever does not believe me does not believe in God!***

Diary of a Tufarolo

Biography

Bruna Di Giuseppe, nasce a Roma, da padre abruzzese e madre ciociara. Nel 1964, appena tredicenne, lascia l'Italia, seguendo la famiglia che emigra in Canada, a Toronto dove la nuova cultura e lingua hanno un impatto emozionale. Bruna coltiva la pittura ed anche la scrittura, che pratica esprimendosi sia in lingua inglese che in italiano ed in vernacolo romanesco. Per la sua attività letteraria è stata destinataria di riconoscimenti di merito sia in Italia che in Canada. È inoltre sostenitrice attiva e promotrice di eventi culturali nella comunità Italo-Canadese. Le sue opere sono inserite in oltre venti antologie e ha di merito un libro di poesie, *Sentieri D'Italia*, e un libro di poesie in prosa, *Ad Ogni Ritorno*. La sua ultima opera è un libro per bambini, *I call my grandmother Nonna* dove i lettori riconoscono la loro origine tramite il racconto della nonna.

Bruna Di Giuseppe, was born in Rome. Her father was from Abruzzo and her mother from Lazio. In 1964, just thirteen years old, she left Italy and emigrated to Toronto with her family where the new culture and language had an emotional impact on her. Bruna has always cultivated painting, writing, expressing herself in English, Italian and Roman dialect. She is the recipient of awards of merit both in Italy and in Canada for her literary activities. She is also an active supporter and promoter of cultural events in the Italo-Canadian community. Her work is included in over twenty anthologies and she has written a poetry book *Sentieri D'Italia*, and a book of prose poems *Ad Ogni Ritorno*. Her children's book, *I call my grandmother Nonna*, is where the readers recognize their origin through the story of their grandmother.

Ringraziamenti

Ringrazio di vero cuore le seguenti persone per il loro sostegno morale e per la loro pazienza: Achille Martinelli, Alvaro Bertoni, Luigi Di Gabriele, Pietro Malatesta, Roberta Rubini, e Valeria Casson-Moreno. Un grazie va a Nadia Girardi e Gianna Pulec per le loro revisioni. Ringrazio in oltre le seguenti persone per la loro prefazione: Don Fulvio Amici, Giuseppe Cappa, Gianna Patriarca, Daniela Sanzone, Roberta Rubini e Franco Spezano. Un grazie speciale va a Mauro Cappa e M. P. Marchelletta per la loro minuziosità e per la loro assistenza editoriale.

Acknowledgements

A heartfelt thanks to the following people for their moral support and patience: Achille Martinelli, Alvaro Bertoni, Luigi Di Gabriele, Pietro Malatesta, Roberta Rubini, e Valeria Casson-Moreno. Further thanks go to the following for their preface: Don Fulvio Amici, Giuseppe Cappa, Gianna Patriarca, Daniela Sansone, Roberta Robini and Franco Spezzano. Many thanks to Nadia Girardi and Gianna Pulec for their proofreading. A special thanks to Mauro Cappa and M. P. Marchelletta for their attention to detail and for their editorial assistance.

Il ricavato della vendita dei libri verrà devoluto al Proloco di Tufo.

The proceeds from the sale of the books will be donated to the Proloco of Tufo.

www.ingramcontent.com/pod-product-compliance
Lightning Source LLC
Chambersburg PA
CBHW050559300426
44112CB00013B/1986